Sagen und Geschichten

aus Wittenberg und Umgebung

Gesammelt und bearbeitet
von Heinrich Kühne

Einband und Illustrationen
von Ilse Kollmann-Gümmer

Verlag Göttinger Tageblatt

Copyright 1992 by Göttinger Tageblatt GmbH & Co., Göttingen

Text: Heinrich Kühne
Illustrationen und Einband: Ilse Kollmann-Gümmer
Herstellung: Druckhaus Göttinger Tageblatt
Printed in Germany
ISBN 3–924 781–22–2

INHALT

Vorwort 6
Der Traum Friedrichs des Weisen. 7
Von der Luthereiche in Wittenberg. 11
Kaiser Karl V. am Grabe Luthers. 15
Lutherstein und Studentenwiese. 20
Doktor Faust in Wittenberg. 23
Friedrich der Weise und sein Bruder
    werden aus großer Lebensgefahr gerettet 29
Die wunderbare Errettung des Bürgermeisters Reuter 30
Die privilegierten Ziegen der Katharina Melanchthon 33
Die Hexe von Piesteritz 36
Die Brüdersteine 40
Das Wunderblut von Wartenburg 43
Freßkahles lustige Streiche 47
Freßkahle verschlingt einen Dudelsack 48
Freßkahle trägt vier Burschen nach Wittenberg 52
Das Moormännchen von Jahmo 55
Die weiße Frau und der Soldat 58
Die Sage vom Michelsberg 60
Die Audienz bei der Kurfürstin 64
Der schlagfertige Professor 68
Berthas Grab 70
Der Teufel in der Elbe 75
Die Geldfresserin 78
Der Heck- oder Brotpfennig 81
Die Hasenjagd auf der Elbe. 85
Wie der erste Blitzableiter in Wittenberg errichtet wurde 88
Quellenverzeichnis 92

Vorwort

> Wer das Ohr auf diesen Waldboden niederlegt, der vernimmt das mächtige Rauschen eines verborgenen Quells, den Herzschlag des deutschen Volkes.
> Ludwig Richter

Die Sage gehört wie das Märchen, der Schwank und das Sprichwort zu dem Erzählgut unseres Volkes, das in ihm selbst entstanden ist und in mündlicher Überlieferung lange lebendig blieb. Sie hat meist einen historischen Hintergrund und einen bestimmten historischen Kern, der mitunter aber schwer zu erkennen ist. Die Sagen bringen Vorstellungen, Wünsche und Hoffnungen vergangener Generationen zum Ausdruck und zeigen uns, wie geschichtliche Ereignisse oder Persönlichkeiten vom Volke aufgefaßt wurden und welche Eindrücke des historischen Geschehens in seinem Bewußtsein haften blieben. So erscheinen neben dem Bild des täglichen Lebens auch Hinweise auf das geistige und religiöse Leben, wobei die Gestalt Martin Luthers gerade für Wittenberg und seine Umgebung in den Vordergrund tritt.

Ein wesentliches Merkmal der Sage ist die Lokalbezogenheit, ferner hat der Leser oder Zuhörer stets das Gefühl – im Gegensatz zum Märchen –, daß es sich tatsächlich so zugetragen hat. Es kann sich bei dieser Veröffentlichung natürlich nur um eine Auswahl bekannter und manch unbekannter Sagen und Geschichten handeln. Sie werden – und das weiß ich infolge meiner jahrzehntelangen Erfahrung im Umgang mit der Jugend und auch mit Erwachsenen – immer wieder gern gelesen oder erzählt.

Heinrich Kühne

Der Traum Friedrichs des Weisen

Als Kurfürst Friedrich der Weise auf seinem Jagdschlosse zu Schweinitz weilte, hatte er in der Nacht zum 31. Oktober 1517 einen seltsamen Traum. Den hat er am anderen Morgen seinem Bruder Herzog Johann von Sachsen im Beisein seines Kanzlers Spalatin erzählt und also gesprochen: Als ich mich auf den Abend ziemlich matt und müde zu Bette legte, war ich bald über dem Gebet eingeschlafen und hatte bei dritthalb Stunden fein und sanft geruhet. Als ich nun erwachte und ziemlich munter geworden war, lag ich und hatte allerlei Gedanken bis nach zwölf Uhr. Da gedachte ich unter anderem, wie ich alle lieben Heiligen und neben mir mein Hofgesinde zu Ehren bringen wollte, betete auch für die lieben Seelen im Fegefeuer und beschloß bei mir, ihnen auch zur Hilfe in ihrer Glut zu kommen, bat daher Gott um seine Gnade, daß er doch mich und meine Räte und Landschaft in rechter Wahrheit wolle leiten und zur Seligkeit helfen, wie er auch wolle allen bösen Menschen, so uns unser Regiment sauer machen, nach seiner Allmacht wehren.

Nach solchen Gedanken war ich bald nach Mitternacht wieder eingeschlafen. Da träumte mir, wie der allmächtige Gott einen Mönch zu mir schickte, der war eines feinen, ehrbaren Angesichts, wie St. Pauli des lieben Apostels natürlicher Sohn. Er hatte bei sich als Gefährten auf Gottes Befehl alle lieben Heiligen, die sollten dem Mönche vor mir zeugen, daß es mit ihm kein Betrug sei, sondern daß er wäre wahrhaftig ein Gesandter Gottes. Durch ihn ließ mir Gott gebieten, ich solle dem Mönche verstatten, daß er etwas an meine Schloßkapelle zu Wittenberg schreiben dürfte; es würde mich nicht gereuen.

Da ließ ich ihm durch den Kanzler sagen, weil Gott mir solches gebiete, so möge er schreiben, was ihm befohlen. Darauf fängt der Mönch an zu schreiben und machte so große Schrift, daß ich sie hier zu Schweinitz deutlich lesen konnte. Er führte auch eine so lange Feder, daß diese bis gen Rom mit ihrem Hinterteil reichte und einem Löwen, der in Rom lag, mit dem Sturz in ein Ohr stach, daß der Sturz zum anderen Ohr wieder herausging, und wuchs die Feder weiter bis an der Päpstlichen Heiligkeit dreifache Krone und stieß so hart daran, daß sie begann zu wackeln und Ihrer Heiligkeit wollte vom Haupte fallen. Wie sie nun schon im Fallen ist, streckte ich meine Hand aus und wollte sie halten. Indem ich aber im Zugreifen war, erwachte ich und hielt meinen Arm noch in die Höhe gereckt.

Ich war aber ganz erschrocken und auch zornig auf den Mönch, daß er seine Feder beim Schreiben nicht besser führete. Als ich mich aber recht besann, so merkte ich, daß es ein Traum gewesen sei. Da ich aber noch voller Schlafs war, so gingen mir die Augen bald wieder zu, und ich war bald wieder fest eingeschlafen.

Aber da kam dieser selbige Traum wieder; ich hatte wieder mit dem Mönche zu tun und sah ihm zu, wie er immer fortschrieb und mit dem Sturz der Feder stach er immer weiter auf den Löwen in Rom und durch den Löwen hindurch auf den Papst, so daß der Löwe darüber so greulich brüllte, daß die ganze Stadt Rom und alle Stände des Heiligen Römischen Reichs zusammenliefen, um zu erfahren, was da wäre. Da verlangte die Päpstliche Heiligkeit von den Ständen, man möge doch dem Mönche wehren, und sonderlich mir von diesem Frevel berichten.

Darüber erwachte ich zum zweiten Male, verwunderte mich, daß der Traum wiedergekommen war, ließ michs nicht anfechten, bat aber, Gott wolle die Päpstliche Heiligkeit vor allem Übel behüten und schlief also zum dritten Male wieder ein.

Da kam mir der Mönch zum drittenmal wieder vor, und wir bemühten uns sehr, dieses Mönches Feder zu zerbrechen und vom Papst hinweg zu leiten. Je mehr wir uns aber an der Feder versuchten, desto mehr starrte und knarrte sie, daß mirs im Ohr wehe tat. Endlich wurden wir alle so verdrossen und müde darüber, daß wir davon abließen und glaubten, der Mönch könne mehr als Brot essen, er möchte uns irgend einen Schaden zufügen.

Da ließ ich den Mönch fragen, wie er zu solcher Feder gekommen sei, und wie es zugehe, daß sie so zähe und fest wäre? Da ließ er mir sagen, sie wäre von einer böhmischen hundertjährigen Gans. Einer seiner Schulmeister habe sie ihm verehrt, und weil sie so gut sei, so möge er sie zu seinem Gedächtnis behalten und brauchen. Er hätte sie auch selbst temperiert. Daß sie aber so lange währte und so fest sei, käme daher, weil man ihr den Geist nicht nehmen, noch die Seele, herausziehen konnte.

Da ich nun gänzlich im Traume bei mir beschloß, mich je eher je besser mit dem Mönche in eigener Person zu unterreden, da wachte ich endlich zum dritten Male auf, und da es jetzo Morgen geworden war, so wunderte ich mich höchlichst über den Traum, dachte ihm nach und meinte, daß er nicht ohne Bedeutung sei, weil er mir zu dreien Malen vorgekommen und schrieb mir auch sogleich die wichtigsten Stücke davon zum Gedächtnis auf.

Am nächsten Tage schlug der Augustinermönch Martin Luther die 95 Thesen an die Schloßkirchentür in Wittenberg, welche die Herrschaft des Papstes ins Wanken brachten. Der Traum des Kurfürsten ist später in einem Holzschnitt vom Jahre 1617 dargestellt worden.

Von der Luthereiche in Wittenberg

Der Fremde, der den klassischen Boden der Lutherstadt Wittenberg betritt, erblickt als erstes das Gedenkzeichen der Reformation die weitausladende Luthereiche in der Gegend des ehemaligen Elstertores.

Der Baum bezeichnet ungefähr die Stelle, an der Martin Luther am 10. Dezember 1520 die päpstliche Bannbulle verbrannte und damit auch äußerlich die Trennung von der römischen Kirche vollzog. Der eigentliche Ort dieses weltgeschichtlichen Vorgangs liegt etwas weiter südlich, nahe der Sedaneiche, da, wo man die Kleider der an der Pest Verstorbenen zu verbrennen pflegte – eine nicht eben schmeichelhafte symbolische Bewertung jenes päpstlichen Dekrets. Der jetzige Standort der Eiche ist nach der Lage der damaligen Festungswerke und nach mündlichen Überlieferungen gewählt worden.

Wer die erste Luthereiche pflanzte, kann nicht gesagt werden. Der stark herangewachsene Baum wurde im Jahre 1813 von den Franzosen, denen man die kursächsische Festung Wittenberg ausgeliefert hatte, rücksichtslos gefällt. – Edle Bundesgenossen!

Von 1817 an fanden wiederholt Versuche statt, eine neue Luthereiche zu pflanzen, doch gingen die Bäume immer wieder ein. Erst die am 25. Juni 1830 – dem 300jährigen Gedenktage der Übergabe der Augsburgischen Konfession – gepflanzte Eiche hat Wurzel gefaßt und sich kräftig entwickelt. In der Christnacht des Jahres 1904 wurde sie von ruchloser Hand auf dreiviertel ihres Umfanges bis auf das Splintholz angesägt. Durch Anlegen eines kunstgerechten Verbandes gelang es aber, den denkwürdigen Baum zu retten. Die Spuren jener Freveltat sind noch heute am Stamme sichtbar. Leider ist es nicht gelungen, den oder die Täter zu entdecken; auch die von der Stadtverwaltung und dem Wittenberger Zweigverein des Evangelischen Bundes zu diesem Zwecke ausgesetzte Belohnung hatte keinen Erfolg.

Eine durchgreifende Umgestaltung und Verschönerung erhielt der Platz im Jahre 1925, gleichzeitig stiftete der damalige Stadtrat Paul Friedrich hier einen Brunnen und eine Sitzbank.

Bei dieser Gelegenheit möge an dieser Stelle eine Sage Platz finden, die sich an die Pflanzung der ersten Luthereiche knüpft:

Ein Wittenberger Student liebte ein braves Mädchen, das eine Waise war und im Hause ihrer Großmutter lebte. Seine Liebe wurde von dem Mädchen herzlich erwidert, aber die Großmutter wollte nichts von einer Verbindung der beiden wissen, da der Student zu den Anhängern Luthers gehörte, während sie fest am Papst und der katholischen Kirche hing. Als nun vollends Luther vor dem Elstertore die päpstliche Bannbulle verbrannte und jener Student in besonderem Maße sich dabei betätigte, da kannte der Zorn der Alten keine Grenzen. In echt weiblicher Neugier konnte sie es sich aber doch nicht versagen, nach der Stelle zu gehen, wo der Frevel geschehen war. Und so wanderte sie denn am Abend jenes bedeutungsvollen Tages am Arme ihrer Enkelin, ihren eichenen Krückstock in der Hand, hinaus vor das Elstertor.

War es nun Zufall oder geheime Verabredung – sie trafen dort den Studenten, und das Mädchen bat den Geliebten, doch den Hergang der Sache zu erzählen. Die erbitterte Alte aber ließ ihn nicht zu Worte kommen und goß die volle Schale ihres Zornes über Luther, seine Anhänger und den Studenten im besonderen aus. Und indem sie ihren Eichenstock in den Boden stieß, schloß sie ihre Strafpredigt mit den Worten: „Eher wird dieser alte Stock wieder grünen,

als daß der Frevel dieses Augustinermönches ungestraft bleibt und erst dann" – so setzte sie mit einem bösen Seitenblick auf den Jüngling hinzu – „wird meine Lore mit Euch Hochzeit halten."

In den nächsten Tagen aber konnte man sehen, wie der Student aufmerksam den Eichenwald der Probstei durchforschte. Er fand dort auch einen jungen Eichenstamm, den er sorglich mit den Wurzeln aushob, durch Beschneiden dem Krückstock der Alten täuschend ähnlich machte und in verschwiegener Nacht an dessen Stelle pflanzte.

Als nun der Frühling ins Land kam, trieb der Stamm Knospen und Blätter. Die Großmutter der Lore wurde durch dieses vermeintliche Wunder mit ihrem Stabe so ergriffen, daß sie ihren Segen zum Ehebunde des jungen Paares gab. Im gleichen Sommer noch hat Dr. Martin Luther den jungen Doktor mit seiner Lore in der Wittenberger Pfarrkirche getraut.

Kaiser Karl V. am Grabe Luthers
(im Jahre 1547)

Wohl sind's dreihundert Jahre, da sah's hier anders aus,
Da drang ein wilder Schrecken in stiller Bürger Haus,
Da ward gar schlimme Kunde gen Wittenberg gebracht:
„Gefangen ist der Kurfürst, verloren ist die Schlacht!

Und Karl der stolze Sieger, er kommt im Zorne her,
Du Wiege seiner Feinde, dir droht die Rache schwer:
Du sprachest Hohn der Kirche, du sprachest Hohn der Pflicht,
Jetzt wird der Kaiser halten ein schrecklich Strafgericht!"

Die Kunde füllt mit Sorge und Kummer jedes Herz;
Doch lenkten sich die Blicke vertrauend himmelwärts:
Der Gott, der Menschenherzen wie Wasserbäche lenkt,
Der wird uns heute zeigen, daß unser er gedenkt!

Laßt würdig uns empfangen den Kaiser jetzt zur Stund,
Laßt tönend ihn begrüßen der Glocken eh'rner Mund,
Auf daß er mög' erkennen, daß wir uns nicht empört,
Nicht wider Reich und Fürsten geschwungen frech das Schwert.

Daß wir gekämpfet haben für Gottes heil'ges Wort,
Doch stets in uns'ren Herzen die Treue lebte fort,
Und ob wir gleich gebrochen des Papstes eisern Joch,
Wir rechte Untertanen dem Reiche blieben doch!

Horch, da erdröhnt die Gasse! Der Kaiser zieht durch's Tor;
Es reiten hoch zu Rosse ihm die Trabanten vor;

Und, als der Strahl der Sonne mit Macht hernieder bricht,
Erglänzen Schwert und Rüstung weithin von hellem Licht.

Mit Zagen blicket Alles den hohen Herrscher an:
Doch seht, nicht finster blicket der kaiserliche Mann:
Es thront ihm auf der Stirne ein hehrer Friedensschein,
Er blickt so ernst und milde, er wird uns gnädig sein.

Doch an des Kaisers Rechten, wer zähmt so stolz das Roß?
Wer ragt um Haupteslänge wohl aus dem ganzen Troß?
Das ist der Herzog Alba, des heißen Spaniens Sohn,
Dem um die Lippen zucket, die bleichen, grimmer Hohn.

Und auf der andern Seite, da reitet Herr Johann.
Der vielgeliebte Kurfürst, der schwergeprüfte Mann.
Er reitet still und schweigend, er senkt das hohe Haupt,
Um Land und Freiheit trauernd, die man ihm schnöd geraubt.

Doch als nun an der Pforte des Schlosses hielt die Schar
Wie schimmerten die Fenster im Sonnenlicht so klar!
Da glänzte wie vor Freuden des Kaisers Angesicht,
Wie auf dem Meeresspiegel des Mondes Strahl sich bricht.

„Laßt uns mitsammen treten hier in das Gotteshaus,
Ein still Gebet zu sprechen nach lautem Kampfesgraus.
Der Herr hat uns beschützet, beschirmet in der Schlacht,
Drum sei aus vollem Herzen ihm jetzt der Dank gebracht!"

Solch Wort, es traf wie Donner der Männer horchend Ohr,
Und bange Seufzer drangen aus jeder Brust hervor:

„Weh! bald wird uns entrissen das liebste Kleinod fein,
Bald wird hier nicht mehr ruhen, o Luther, dein Gebein!"

Sieh, jetzt dem hohen Herrscher die Pforte sich erschließt,
Und in die weiten Hallen der Strom des Volks sich gießt.
Der Kaiser dankt dem Herren für Sieg in Kampf und Schlacht,
Die Bürger flehn: Sei gnädig von Dir das Grab bewacht!

An des Altares Stufen kniet Habsburgs Enkel hin,
Und beugt vor Gott dem Herren in Demut seinen Sinn.
Er betet still im Herzen, tritt dann zur Gruft heran,
Darein man hat begraben, den teuren Gottesmann.

Er liest das Wort der Inschrift: „Wie? dies Lutheri Grab?"
Und sinnend schaut er lange zur stillen Gruft hinab:
„Hier schläft den letzten Schlummer, der einst so kecklich trat
Vor Kaiser und vor Fürsten, vor Bischof und Prälat.

Der kühn erschüttern wollte der Kirche festen Hort,
Der laut durch Deutschland's Gauen ertönen ließ sein Wort.
Wie war er so verblendet und doch so frohgemuth:
Jetzt ruht er hier, Gott weiß es, ob er in Frieden ruht".

So stand in tiefem Sinnen Don Philipp's großer Sohn,
Da trat zu ihm der Spanier; der sprach in grimmem Hohn:
„O laß, mein Herr und Kaiser, zerbrechen hier den Stein,
Zerstreue in die Winde das modernde Gebein.

Hier liegt ja, der verführt das treue Sachsenland,
Der schwang des Aufruhrs Fackel mit frevelhafter Hand.

Drum mag, wie einst sein Name durcheilt das deutsche Reich,
Nun wehn, die Ketzerasche nach allen Seiten gleich!"

Da ging ein zornig Murmeln von Mund zu Munde fort
Wohl in der hohen Halle, doch horch! des Herrschers Wort:
„O nicht doch, laßt ihn ruhen, er fand schon sein Gericht,
Nur mit dem Leben kämpf' ich, kämpf' mit den Toten nicht."

So sprachst du, großer Kaiser, im stillen Heiligtum
In Frieden konnte fürder die teure Asche ruhn:
Jahrhunderte sie kamen, Jahrhundert' zogen fort,
Und späte Enkel denken des großen Luther dort.

Lutherstein und Studentenwiese

Die Möglichkeit, aus vorgeschichtlicher Zeit hinüber in die Zeit der Reformation eine geistige Brücke zu schlagen, gibt uns die Sage von der Studentenwiese.

Wenn wir auf der Wanderung Kemberg – Düben den Lutherstein eben verlassen haben, sehen wir sie linker Hand zwischen Tannen und Kiefern herüberleuchten. Alte Landkarten aus dem 18. Jahrhundert bezeichnen sie als Studentenborn. Dieser Umstand gibt uns Aufschluß über die Entstehung der Sage. Das Wort Studentenborn weist auf die alten Bewohner der Heide, auf die Wenden hin. In der Wendensprache bedeutet „Studenz" Born. Als unsere flämisch-deutschen Vorfahren im Laufe des 10. bis 12. Jahrhunderts wieder Besitz von unserer Heimat ergriffen, übernahmen sie auch den Namen „Studenz" für die bekannte Waldwiese. Den ersten deutschen Siedlern war natürlich die Bedeutung des Wortes Studenz bekannt, den späteren ging sie aber verloren. Wie die willkürlich nimmer müde Phantasie des Volkes alles, was sie gerade beschäftigt, zu einem Neuen vereint, zeigt sich in unserem Beispiel vortrefflich. Aus Studenz wurde zunächst lautlich und dann auch inhaltlich „Student". Und dieses Wort lebte nun weiter zur Bezeichnung des Borns bzw. zu der an seinen Ufern sich dehnenden Wiese. Doch gaben erst Luther und die mit ihm in Beziehung stehenden Leipziger und Wittenberger Studenten dem Heidebewohner die Möglichkeit, das Wort „Studentenwiese" mit dem richtigen Inhalte zu füllen. Das tut der Heidebewohner mit folgender Geschichte:

„Als Luther nach Leipzig zog zum Streite mit Eck, da hat ihn ein gewaltiger Haufen seiner Studenten bis hierher geführt, damit ihn nicht etwa einer von den heimtückischen Gegnern aus dem Hinterhalt des wilden Waldes überfiele und um die Ecke bringe. Und hier haben ihn dann die Leipziger abgeholt. Und dann nach drei Tagen haben ihn die Leipziger wieder zurückgebracht bis hierher. Und hier auf der Wiese, da haben sich die Wittenberger schon wieder versammelt und warteten auf ihn. Und wie sie nun kamen, zu Wagen und zu Pferde, ein großmächtiger Zug, und wie nun die Fragerei losging: „Na, wie war's denn?" und „Hat er's ihm denn ordentlich gesteckt, dem Eck?" und war ein mächtiges Hallo und Durcheinander, da stand der Luther in seinem Wagen auf. Und: „Platz"! schrien sie alle, „Platz da! und Ruhe! Doktor Martinus will reden! Ruhe für unseren Doktor Martinus!" und „Stilenzius!" und „Striktissimus!" und wie sie so sagen, die Studenten. Und dann haben sie ihn aus dem Wagen gehoben, den Doktor Luther und haben ihn hier auf den Stein getragen, sehen Sie, der hier liegt. Und da steht's auch drauf: „D. M. L." Doktor Martin Luther. Und: „Ein feste Burg ist unser Gott" – und darum heißt er auch heute noch der Lutherstein.

Und da hat er ihnen dann von dem Steine herunter wie von seiner Kanzel in der Wittenberger Schloßkirche oder von seinem Katheder in der Universität vorgepredigt, wie die ganze Geschichte in Leipzig nun eigentlich gewesen ist, und wie er den Eck mächtig reingelegt hat, daß er kein einziges Wort mehr hat gegen ihn vorbringen können. – Und mucksmäuschenstill war's ringsum. Kaum, daß mal eins von den Pferden scharrte oder mit dem Zaumzeug klapperte, die ringsum an den Bäumen angebunden standen. – Und dann haben sie mächtig gejubelt, als er fertig war, und geschrien und getobt: „Hoch Luther! Hoch Doktor Martinus!" Und dann haben sie ihn wieder in seinen Wagen getragen, und die Leipziger haben ihm noch einmal alle die Hand gedrückt, und war ein Abschiednehmen ohne Ende. Bis sich dann der ganze Schwarm wieder verlaufen hat, die einen nach Leipzig zu und die anderen wieder mit ihrem

Herrn Professor und Doktor Martinus nach Wittenberg. Sehen Sie, und dort auf der Wiese da hatten sich die Studenten alle gelagert. Und so heißt sie darum noch heutigen Tages die „Studentenwiese".

Doktor Faust in Wittenberg

Johannes Faust, ein Bauernsohn aus dem anhaltischen Flecken Soltwedel, hatte einen begüterten Bürger in Wittenberg zum Oheim. Dieser war kinderlos und nahm den trefflich veranlagten Knaben zu sich, hielt ihn fleißig zur Schule an und ließ ihn später die Universität Ingolstadt besuchen. Hier lag der junge Faust mit Eifer theologischen Studien ob und erwarb sich die Magisterwürde. Durch Umgang mit schlechtgesinnten jungen Leuten und den Verkehr mit umherschweifenden Zigeunern wurde er zu zauberischem Unwesen verführt. Er wandte sich nun der Medizin und Sterndeuterei zu und erlangte hierin, sowie in der Kunst der Magie und Geisterbeschwörung, allmählich tiefe Kenntnisse und große Geschicklichkeit.

Als er hinlänglich vorbereitet zu sein glaubte, ging er an einem heiteren Tage aus der Stadt Wittenberg an einen eine halbe Meile entfernten Kreuzweg, wo fünf Straßen von einem Punkte ausliefen. Als es Abend geworden war, auch kein Fuhrwerk mehr vorüberkam, ergriff er einen Reif, versah ihn mit vielen seltsamen Zeichen und setzte daneben noch zwei Kreise. In dem nahegelegenen Walde, Spessart*) genannt, erwartete er mit Sehnsucht die Mitternachtsstunde. Kaum war diese angebrochen, so trat er in den Reif und beschwor unter Verhöhnung des göttlichen Namens dreimal den Teufel. Alsbald sah er eine große feurige Kugel unter furchtbarem Knall dem Kreise sich nähern, vor demselben zerplatzen und in die Luft fahren. Fast wäre Faust vor Schrecken aus dem Kreis gesprungen. Doch faßte er neuen Mut und versuchte eine härtere Beschwörung.

---

*) Vielleicht ist die „Specke" gemeint.

Sogleich entstand im Walde ein solches Windesbrausen, daß alles zu Grunde zu gehen schien. Wagen, mit Rossen bespannt, rannten in rasendem Galopp an dem Kreise vorüber, so daß der Staub hoch aufwirbelte. Nur mit Mühe vermochte Dr. Faust, sich auf den Füßen zu halten. Als aber der Staub sich gesenkt hatte, gewahrte er ein Gespenst oder einen Geist sich um den Zauberkreis bewegen. Mutvoll beschwor er ihn und forderte ihn auf, ihm zu dienen. Jener sagte zu, falls Faust die Bedingungen erfüllen würde, welche er ihm morgen in seiner Behausung vorlegen würde. Vergnügten Sinnes verließ Doktor Faust den Zirkel, vernichtete dessen Spuren und eilte der Stadt zu.

Um die Mittagszeit des nächsten Tages sah er dann hinter dem Ofen etwas Schattenähnliches erscheinen, konnte jedoch nicht erkennen, ob es ein Mensch sei. Sogleich begann er die Beschwörung und befahl dem Geiste, in wahrer Gestalt sich ihm zu zeigen. Da schaute ihm hinter dem Ofen ein Menschenhaupt entgegen, welches sich wiederholt vor ihm verneigte. Auf die Weisung, sein Versteck zu verlassen, gehorchte der Geist und stand nun deutlich vor ihm. Jetzt aber durchzuckten Feuerflammen das ganze Gemach. Der Geist, der zwar ein menschliches Haupt, aber einen zottigen Leib hat, blickte mit seinen glühenden Augen den Doktor an, so daß dieser ihm erschreckt zurief, er solle hinter den Ofen zurückweichen, was denn auch geschah.

Die Frage Fausts, ob er nicht in einer weniger abscheulichen Gestalt sich zeigen könne, verneinte der Geist. Doch fügte er hinzu, er wollte ihm einen Geist in menschlicher Gestalt zum Dienst überweisen, wenn er sich verpflichte, dasjenige zu halten und zu leisten, was er ihm vorlegen werde.

Faust, welcher sich dem Vorschlag geneigt erklärte, wurde nunmehr angewiesen, mit der Feder niederzuschreiben, daß er wolle: 1. Gott und allen himmlischen Herren absagen, 2. aller Menschen Feind sein, besonders derer, welche

ihn wegen seines bösen Lebens tadeln würden, 3. geistlichen Personen den Gehorsam verweigern, 4. Kirche, Predigt und Sakrament meiden, 5. die Ehe hassen.

Sodann wurde ihm eröffnet, daß er ein großer Mann sein solle und teilhaftig der herrlichsten Genüsse, wenn er durch einen mit seinem eigenen Blut geschriebenen Schuldbrief diese Artikel bestätigen würde. Nach einem schweren inneren Kampfe willigte Faust ein und schrieb mit seiner einer Ader der linken Hand entnommenen Blute den Schuldbrief.

Bald darauf klopfte es an die Tür. Beim Öffnen sah Faust sich gegenüber eine lange, in ein Mönchsgewand gekleidete Person mit grauem Barte, welche sich vor ihm verneigte. Befragt nach ihrem Begehr, antwortete sie, daß sie bisher dem Obersten der Geister unterthan gewesen sei, nun aber als vertrauter Geist ihm getreulich dienen wolle. Mephistopheles, so war der Name des Dieners, erhielt nun von seinem neuen Herrn Befehle, welche er sofort ausführte. Zunächst brachte er dessen Vermögensumstände in Ordnung. Stuben, Kammern und Keller stattete er mit Hausrat und Vorrat aus. In den prächtig hergerichteten Sälen grüßten den Eintretenden die schönsten Vogelstimmen, während Sumpfvögel im Vorhof des anstoßenden Zaubergartens lustwandelten, welcher mit Blumen und Bäumen bestanden war, die nur in südlichen Zonen zu gedeihen pflegten. An der Einfahrt lag des Doktors großer Zauberhund, der rote Augen und zottiges schwarzes Haar hatte und seltsame Sprünge vollführte. Mit seiner Hilfe führte der Schwarzkünstler seine Zaubereien aus.

So unternahm er mit Wittenberger Studenten eine Lustfahrt nach Leipzig, wo er aus Auerbachs Keller rittlings auf einem Fasse herausritt, welches er nun behalten durfte. Eine gleiche Fahrt machte er nach Salzburg, wo er aus den Kellerräumen des Bischofs den Kellermeister entführte und auf dem Gipfel eines hohen Tannenbaumes niedersetzte.

Ein lustiges Stücklein führte Faust mit drei zu Wittenberg studierenden Freiherren aus, welche gern der Hochzeit des bayerischen Kurfürsten beigewohnt hätten. Auf den Vorschlag des einen luden sie den Schwarzkünstler zur Tafel und trugen ihm ihr Anliegen vor. Faust versprach, ihnen behilflich zu sein, wenn sie während der ganzen Fahrt gar nichts redeten; auch nach ihrer Ankunft im fürstlichen Palaste sollten sie auf jede Anrede kein Wort erwidern. Das versprachen sie und hielten sich zur festgesetzten Stunde bereit. Da entfaltete Faust im Garten seines Hauses seinen weiten Nachtmantel, auf den sich dann die Barone setzen mußten. Sofort erhob sich ein Wind, der sie sacht noch vor Morgengrauen gen München trug vor die Schwelle des Palastes. Dort empfing sie der Hofmarschall und geleitete sie in den oberen Saal. Sowohl ihm als dem sie begleitenden Hofjunker fiel es auf, daß sie alle Fragen nur durch Verbeugungen erwiderten. Nach der Trauung nahte die Stunde zur Tafel. Als bei der vorher stattfindenden Darreichung des Handwassers der eine der drei Fremden dem Diener seinen Dank aussprach, mußte er, während die beiden andern, sich an Fausts Mantel haltend, davonfuhren, zur Strafe zurückbleiben. Natürlich machte die Geschichte Aufsehen und der Zurückgebliebene wurde in Haft geführt. Noch ehe aber der kommende Tag anbrach, stand Faust vor seiner Zelle, schläferte die Wächter ein, sprengte Tür und Riegel und führte den sanft Schlafenden in seinem Zaubermantel wieder unversehrt zu seinen Vettern gen Wittenberg, worauf er reich beschenkt von dannen ging.

Als die vierundzwanzigjährige Frist ablief, nach welcher Faust Eigentum des Teufels werden mußte, da versammelte er in Wittenberg Studenten um sich. Mit ihnen ging er nach dem Dorfe Rimlich.*) Nachdem sie gemeinsam gespeist hatten, führte Faust sie in ein Nebenzimmer. Dort wurde er ernster und ernster und schwieg, vor sich lange Zeit hinstarrend. Dann preßte er die Hände zusammen, seufzte und stöhnte.

Endlich hob er an und erzählte das schauerliche Geheimnis seines Lebens, wie er Gott verloren, mit dessen Feind sich verbündet habe und nun der Verdammnis anheim gefallen sei. Betrübten Herzens nahmen die Gäste von ihm Abschied, übernachteten aber im Gasthaus. Um Mitternacht begann ein ungestümer Wind das Haus zu umtosen. Aus dem Zimmer, in welchem Faust sich befand, hörte man ein grausiges Zischen und Pfeifen, als von Schlangen herrührend, sodann ein Gepolter, ein Ringen, Stoßen und Herumwerfen, dazwischen das Angstgeschrei des unglücklichen Mannes. Dann wurde alles still. Am andern Morgen fand man den Leichnam verstümmelt auf dem Hofraume, das Zimmer aber mit einzelnen abgerissenen Gliedern bedeckt. In aller Stille fand die Beerdigung statt, wobei wiederum ein heftiger Sturmwind losbrach.

---

*) In einigen Faustbüchern wird Pratau als dieser Ort angenommen und zwar der dortige alte Gasthof „zum Freischütz". Diese Annahme beruht (nach Kirchners Faustbuch 1746) auf Folgendem: Im 30jährigen Kriege teilte der Gemeindevorsteher in Pratau den einrückenden Soldaten mit, daß sein Haus durch Fausts schrecklichen Tod berüchtigt sei. Zum Beweise zeigte er ihnen Blutflecke an der Wand, die der Schlaue aber vorher durch Ochsenblut hergestellt hatte. Durch seine Erzählung und diesen Hinweis erreichte er seine Absicht, die unwillkommene Einquartierung zur schnellen Flucht zu veranlassen.

Friedrich der Weise und sein Bruder werden aus großer Lebensgefahr gerettet.

Einst fuhren die beiden sächsischen Fürsten, der Kurfürst Friedrich der Weise und sein Bruder, Herzog Johann, von Torgau auf der Elbe in einem Schifflein, kurz nachdem das Eis gebrochen war, und während große Eisschollen gegen das Fahrzeug andonnerten, nach Wittenberg. Wie sie nun an dem Wassergraben, der neben dem Schlosse ist, anlangten und daselbst aus dem Schiffe stiegen, da zerbrach es in mehrere Teile und zerschellte. Die Fürsten aber, mit ihren Dienern und Gefolge, blieben starr vor Verwunderung stehen und betrachteten erstaunt dieses große Wunderwerk Gottes, wie er nach seinem gnädigen und väterlichen Willen das Schiff erhalten, bis sie an das sichere Gestade gekommen waren.

Der Kurfürst sprach zu seinem Bruder: „Wir müssen hiermit ja augenscheinlich wissen und erfahren, daß uns Gott wunderbar in diesen und anderen Gefährlichkeiten durch seine lieben Engel bisher erhalten hat, und die Wohltat Gottes dankbarlich rühmen, der uns in dieser Gefahr und anderen beschützet hat. Daß aber das Schiff, nachdem wir ausgestiegen sind, gespaltet ist, fürchte ich fürwahr, das ist des sächsischen Hauses Zerrüttung."

Diese Prophezeiung ist später erfüllt worden, als die Kurwürde von der Ernestinischen an die Albertinische Linie gekommen ist.

Die wunderbare Errettung des Bürgermeisters Reuter

An der linken Seite des Südportals der Wittenberger Stadtpfarrkirche befindet sich der Grabstein des 1564 gestorbenen Bürgermeister Ambrosius Reuter und seiner Ehefrau. Über seine wunderbare Rettung aus der Gefangenschaft berichtet uns Menz folgendes:

Weil sich Reuter zu Luthers Lehre bekannte, ist er von dem dieser Lehre feindlich gesinnten Herzog Georg von Sachsen zu Leipzig in einem Turme der Stadtmauer eingekerkert worden, entkam aber auf höchst seltsame Weise in die Freiheit. Er hatte nämlich von seinem Gefängnis aus eine Sau den Stadtgraben durchschwimmen und an dem Turm, in welchem er gefangen saß, wühlen sehen. Darin erblickte er ein Zeichen von Gott. Er untersuchte im Innern des Turmes jene Stelle und fand, daß sie sehr brüchig war, sodaß er ohne große Mühe einige Steine herausnehmen konnte. Er erweiterte das Loch, bis er bequem hindurchkriechen konnte. Und als der Abend kam, durchschwamm er ohne gesehen zu werden den Festungsgraben und entkam. Möglichst schnell suchte er nun Wittenberg zu erreichen, kam aber vom richtigen Wege ab. Das war sein Glück. Denn am anderen Morgen hatte man seine Flucht bemerkt und sandte ihm Reiter zur Verfolgung nach, die ihn aber nicht fanden.

Glücklich erreichte er das schützende Wittenberg. Hier gelangte er zu großem Ansehen und wurde zum Bürgermeister erwählt. Mitten am Markte baute er sich ein Haus und ließ – zum Andenken an seine wunderbare Befreiung aus schwerer Haft – an die Spitze desselben eine auf einem seidenen Polster ruhende Sau malen, die mit einer goldenen Krone geschmückt war. Später vertauschte er sein Haus am Markte gegen die Apotheke ein, und das Bild wurde bei einer Reparatur leider überstrichen.

Die lateinische Inschrift auf seinem Grabsteine besagt kurzgefaßt folgendes: „Dem Gedächtnis Ambrosius Reuters aus Nürnberg, welcher nach wechselvollem Schicksal noch als Jüngling zu Anfang der Reformation wegen seiner Teilnahme für Luther zu Leipzig ins Gefängnis geworfen wurde und von dort auf wunderbare Weise entkommen, auch denen entging, welche zu seiner Verfolgung ausgesandt wurden. In Wittenberg bekleidete er die ersten Ehrenämter. Auch war er bei der Universität und dem Konsistorium 16 Jahre lang Protonator.

Vieles hat er erduldet, sonderlich im deutschen (d. i. schmalkadischen) Kriege. Er war Vater von 23 Kindern und ist, nachdem er als guter Christ sich erwiesen, am 11. Juli des Jahres 1564 in seinem 68. Lebensjahr verschieden."

Die privilegierten Ziegen der Katharina Melanchthon

Von der Frau Melanchthons wissen wir, wie von vielen Frauen berühmter Männer, recht wenig. Der große Gelehrte hatte sie auf Drängen Luthers näher kennengelernt. Ihr Vater, der alte Wittenberger Bürgermeister und Gewandschneider Hans Krappe, war bereits verstorben, so daß ihr Bruder Hieronymus sicherlich froh war, als sich Melanchthon mit ihr im August 1520 verlobte und sie am 25. November heiratete. Von Camerarius erfahren wir, daß sie wenig Wert auf vornehme Kleidung legte, dafür aber um so reger im Haushalt tätig war. Sie war eine „geschäftige und überaus fleißige Hausmutter", die ihren Kindern alles Gute angedeihen ließ und ihrem Manne die häuslichen Sorgen abnahm. Einmal griff auch sie zur Feder, weil ihr Ehemann dafür nicht zuständig war.

Es gab einen kurfürstlichen Befehl, wonach in der Residenz- und Festungsstadt Wittenberg keine Ziegen gehalten werden durften. Frau Melanchthon jedoch hatte drei Ziegen, und es gab deshalb oft Ärger und Streitereien mit dem Rat der Stadt. Sie wollte aber auf die milchspendenden „Kühe des kleinen Mannes" nicht verzichten, weil sie – im Gegensatz zu Frau Luther und Frau Jonas – kein Großvieh besaß. So kam es zur schriftlichen Eingabe an den Kurfürsten. Darin verpflichtete sie sich, dem Stadthirten „für gute Obacht während der Hütung vor der Stadt" eine Belohnung zu geben.

Ihr Bittgesuch war erfolgreich. Der Kurfürst verfügte am 7. November 1542:

„ . . . Wiewohl wir uns zu erinnern wissen, was vor Befehl und Vorschaffung wir hiebevor der Ziegen halben zu Wittenberg getan, darüber wir auch nochmals ernstlich und festiglich zu halten begehren, jedoch haben wir auf obengenannten M. Philippi Weibes demütigliches Anliegen und Bitten aus

34

sonder Gnaden gewilligt, daß sie ihre drei Zeigen auch hinfürder haben und behalten möge, dergestalt sie sie vor den gemeinen Hirten treibe und die Aufachtung darauf gegeben werde, damit sie an dem Gehölz, auch sonsten niemanden zu Schaden und Nachteil sein, und begehren derowegen, ihr wollet sie solche ihre drei Ziegen in maßen itz gemeldet, unverhindert behalten und derselbigen gebrauchen lassen, wie wir denn solches unserem Amtmann und Schösser zu Wittenberg ingleichnus auch vormeldet und angezeigt. Daran geschieht unsere Meinung und wolltens euch nicht verhalten."

Die Hexe von Piesteritz

Der Aberglaube hat aller Aufklärung zum Trotz von jeher tief im Herzen des Volkes gesessen und unendlichen Schaden angerichtet. Zu seinen schlimmsten Auswüchsen gehört der Hexenglaube der Tausenden von Unschuldigen – in der Hauptsache waren es Frauen – das Leben raubte. Und es ist tief bedauerlich, daß in vielen Fällen die Religion herhalten mußte, um jene Hexenprozesse herbeizuführen, von denen sich das gesittete Empfinden mit Abscheu abwendet. Nicht selten versteckte sich hinter den Beschuldigungen Bosheit und nackter Eigennutz, der sich auf Kosten der unschuldigen, bedauernswerten Opfer dieses Hexenwahns zu bereichern suchte.

Auch unsere Heimat ist nicht frei von diesen Verirrungen des menschlichen Geistes, und es ist bezeichnend, daß selbst noch kluge, gelehrte Männer des 17. Jahrhunderts in diesem Irrwahn befangen waren. Ein Beispiel dafür bietet der Prozeß gegen die „Hexe von Piesteritz".

Zu Beginn des Jahres 1694 wurde eine dort wohnende Frau namens Zernigallian der Zauberei beschuldigt. Man sagte ihr nach, daß sie das Vieh im Dorfe und in anderen Dörfern, ja sogar Kinder und alte Personen durch Zauberkräuter und teuflische Beschwörungen krank gemacht und sogar getötet habe. Sie wurde deswegen beim kurfürstlichen Hofgericht in Wittenberg angeklagt und, wie es in den Inquisationsakten heißt, auf einen Wagen gefesselt nach Wittenberg gebracht. Gleichzeitig wurde in ihrer Wohnung nach einem eingeholten Erkenntnis des Schöppenstuhls in Leipzig eine eingehende Haussuchung vorgenommen. Wie die Akten berichten, fand man dabei nichts Verdächtiges außer in zwei Truhen folgende Dinge: drei Stückchen von einer schwarzen Wurzel, ein fest zugenähtes Kistchen mit gelber und weißer Wolle, ferner zwei

Büsche mit Schwarzkümmel, Dill und anderem Samen und noch das weitere Stück einer Wurzel.

Der Beschuldigten wurden vom Gericht folgende Fragen vorgelegt: „Ob sie nicht Menschen und Vieh durch bloßes Ansehen vergiften und bezaubern könne? Ob sie nicht einen sonderlichen Teufelsbuhlen oder Junker habe? Wie er gestaltet sei? Wann er ihr angetraut worden sei?"

Ihre Antwort lautete: „Es wäre ihr keiner angetraut worden. Der Pfarrer würde ihr doch wohl auch keinen Teufel antrauen." Dann fragte man sie weiter: „Ob sie nicht an Teufelstänzen teilgenommen habe?"

Da sie sich zu keinem Geständnis wegen Zauberei bereitfinden ließ, so wurde nach einem weiteren Erkenntnis des Leipziger Schöppenstuhls der Professor D. Michael Sennert zu Wittenberg beauftragt, die Kräuter, welche man im Hause der vermeintlichen Hexe gefunden hatte, zu untersuchen und ein Gutachten darüber zu erstatten. Dieses lautete nach den Akten folgendermaßen: „Demnach berichte ich hierauf, daß zwar die überschickten Wurzeln und Gesäme alles bekannte und zur Arznei dienliche Sachen gewest, jedoch aber man soeben nit wissen kann, ob nicht böse und verdächtige Leute auch gute Sachen und Kräuter zur Zauberei und anderen bösen Händeln gebrauchen. Wittenberg, d. 19. Juni 1694. Mich. Sennert, D."

Dieses in seinem Schlußsatz so sonderbare Gutachten hatte zur Folge, daß nach einem weiteren eingeholten Erkenntnis des Leipziger Schöppenstuhls die bedauernswerte Frau zur Folter verurteilt wurde. Es heißt darin: „man möge sie dem Scharfrichter übergeben, daß er sie möge ausziehen, entblößen, zur Leiter führen, ihr die zur Peinlichkeit gehörigen Instrumente vorzeigen, die Daumenstöcke anlegen und damit zuschrauben, auch sofern dieses nicht fruchtet, sie mit Banden zu schnüren."

Der Scharfrichter berichtet nach erfolgter Tortur, „daß ihm dergleichen noch nicht vorgekommen wäre; sie hätte wohl mehr als einen Teufel. Es käme ihm wunderlich vor, sonderlich auch dieses, daß sie nicht ein Härchen unter dem Arme hätte, und die Beule uffn Kopfe, auch das Mal uffn linken Arme mache ihm seltsame Gedanken."

Die Frau gestand aber trotz aller Martern nichts. Sie wurde daher, wie es in dem Endurteil heißt, frei gelassen. „So mag nun wider dieselbe", so heißt es darin, „ferner nichts vorgenommen werden, sondern sie wird nach geschworener Urfehde der Haft entlassen."

Die Brüdersteine

An der südlichen Seite der Dresdener Straße, gegenüber der früheren Gastwirtschaft „Blauer Hecht", sind auf einem Ackerstück zwei viereckige Steine sichtbar, die im Volksmunde „die Brüdersteine" genannt werden. Der Sage nach sollen hier zwei Brüder einen alten Familienstreit ausgetragen haben, der mit dem Tode der beiden und auch mit dem ihrer Mutter endete, welche infolge des Schrecks plötzlich verstarb.

Dazu ist folgendes Gedicht überliefert:

Unweit vom blauen Hechte, zwei graue Steine steh'n,
Das sind die Brüdersteine, hört, was allda gescheh'n:

Zwei Brüder aus der Specke, Gottlob und Ferdinand,
Stehn sich dort gegenüber, als Feind im Zorn entbrannt

Und prüfen düstern Blickes ein jeder das Pistol,
Das nun durch eine Kugel den Bruder töten soll.

Denn, ach, vor wenig Monden, da war noch bess're Zeit,
Da liebten sich die Brüder, noch treu in Freud und Leid.

Da hat der kranke Vater sein Testament gemacht,
Und hat sechs Morgen Acker dem Jüngsten mehr vermacht.

Dafür doch soll er pflegen die Mutter, wie es Pflicht,
Und soll sie nie verlassen, bis einst ihr Auge bricht.

Die Mutter, krank im Bette, bat oft umsonst so weich:
„Ach, Kinder, liebe Kinder, habt lieb, vertraget euch!"

„Soll der vom Vater erben, sechs Morgen mehr als ich!"
„Darf der wohl wieder nehmen, was Vater gab an mich?"

Die Sekundanten reden zur Sühne einmal noch.
Die beiden Brüder sprechen: „Nein, nein, wir schießen doch!"

Die Sekundanten zählen der Schritte vierzig ab,
Und stellen jeden Bruder hin an sein frühes Grab.

Sie zählen laut im Takte: eins, zwei und auch noch drei,
Da donnern die Pistolen, speih'n Feuer, Rauch und Blei.

Und ach so schwer getroffen, gefärbt vom Blut so rot,
Da liegen nun die Brüder, zwei Leichen starr und tot.

Die Schreckenskunde brachte der Mutter Todesschmerz.
Sie hat sie kaum vernommen, da brach ihr Mutterherz.

Hörst du die Glocken läuten, hörst du den Grabgesang,
Siehst du drei Särge tragen, das grüne Tal entlang?

Das sind die beiden Brüder, die nun ihr Jenseits ruft.
Das ist die arme Mutter, sie alle geh'n zur Gruft.

Unweit vom blauen Hechte, zwei graue Steine steh'n,
Das sind die Brüdersteine, da ist der Mord gescheh'n.

Das Wunderblut von Wartenburg.

Es hat zu allen Zeiten Menschen gegeben, die an Wunder glaubten und auch solche, die andere an übernatürliche Wunder glauben machten, sei es aus Selbstsucht oder anderen Beweggründen. Zu letzteren gehört der Pfarrer Nikolaus Tonemann in Wartenburg.

Zu Anfang des Jahres 1429 wurde dem Erzbischof von Magdeburg angezeigt, daß im Dorfe Wardenberg (Wartenburg) bei Wittenberg das hochheilige Sakrament, während es einem Bauern gereicht worden sei, auf wunderbare Weise transformiert (umgebildet) worden wäre, so daß „jene ganze Hostie von Blut getriefet habe".

Daraufhin sandte der Erzbischof zwei Bevollmächtigte, Dr. Heinrich Toke und den Magister Heinrich Zolter, zur Untersuchung des wunderbaren Vorgangs nach Wartenburg. Diese trafen am Montag nach dem Sonntag Jubilate dort ein, wo sie eine Anzahl Geistliche und viele andere Leute vorfanden.

Nach abgehaltener Messe besahen sich die Abgesandten des Erzbischofs die betreffende Hostie sehr genau und lasen den von dem Pfarrer Tonemann darüber niedergeschriebenen Bericht sorgfältig durch. In beiden stieg der Verdacht auf, daß die Hostie absichtlich mit Blut befleckt worden sei, um ein Wunder vorzutäuschen. Sie forderten den Ortspfarrer auf, ihnen die Hostie zu übergeben, die sie mit nach Magdeburg nehmen und dort bei der Kommunion verteilen wollten, um so das Ärgernis aus Wartenburg zu entfernen.

Tonemann aber weigerte sich, ohne Erlaubnis des Kurfürsten die Hostie herauszugeben, und Toke mußte erst nach Zwickau reisen, um die kurfürstliche Erlaubnis einzuholen, die ihm auf seine Vorstellungen hin denn auch gegeben wurde, worauf der Wartenburger Pfarrer ihm in Jessen die strittige Hostie übergab.

Auf der Rückreise nach Magdeburg besuchten die erzbischöflichen Gesandten Jüterbog, Wittenberg und Zerbst, wo sie weitere Beweise suchten, daß mit der Hostie ein Betrug in Szene gesetzt worden sei. Immerhin verging der ganze Sommer, ehe man Licht in die Sache bringen konnte.

Der Wartenburger Pfarrer wurde nach Magdeburg geladen, um sich wegen eines anderen Vergehens vor dem erzbischöflichen Gericht zu verantworten. Dabei wurde er auch wegen der Hostie einem strengen Verhör unterzogen und gestand, in die Enge getrieben, endlich, daß er sich in den Finger geschnitten und dabei die Hostie befleckt habe. Damit war denn der Betrug klar erwiesen, und Tonemann wurde festgenommen, zumal er kein freies Geleit besaß.

„Gelobt sei Gott," sagt Dr. Toke in seinem Bericht, „der gleich zu Anfang die Wahrheit an den Tag brachte, und gesegnet sei der Herr Erzbischof, der solchen Irrtum nicht einreißen ließ. Denn schon kamen Leute mit Körben, um zu Ehren des heiligen Blutes zu betteln, ihres eigenen Gewinnes willen. Schon sah man Orte zu Herbergen aus, schon hofften die umliegenden Städte durch den Zuzug der Pilger bereichert zu werden. Die Wallfahrten würden an diesem Orte (Wartenburg) großartig geworden sein,*) weil bei der heiligen Kommunion am Osterfeste, als schon viele das heilige Sakrament empfangen hatten, die anderen die plötzlich blutende Hostie sahen und es mir leidlich bekräftigt haben. Wenn man überall, wo angeblich heiliges Blut aufbewahrt wird, so schnell eingeschritten wäre, so wäre die Welt nicht so voll von dergleichen Unfug."

---

*) Man geht vielleicht nicht fehl, wenn man annimmt, daß dieses die eigentliche Absicht war, welche den Wartenburger Pfarrer bei seinem Betrug leitete.

Der Wartenburger Pfarrer wurde zunächst in den Turm von Egeln, dann in Kalbe a.d. Saale eingekerkert, bis die Bürger von Magdeburg in einer Fehde mit ihrem Erzbischof den Turm zerstörten und den gefangenen Tonemann in Freiheit setzten.

Dieser war durch die langjährige Gefangenschaft so schwach und elend geworden, daß er sich kaum noch aufrecht halten konnte. Er begab sich nach Basel, wo damals das Konzil abgehalten wurde, bei dem auch Dr. Toke anwesend war, zu welchem Tonemann trotz allem Vertrauen gefaßt hatte. Nachdem er diesem abermals seine Schuld bekannt hatte, wurde ihm verziehen, und er erhielt wiederum eine Pfarrstelle bei Straßburg.

Freßkahles lustige Streiche

Zu allen Zeiten hat es Männer gegeben, die einen unbeschreiblichen Appetit an den Tag legten und teils aus Hunger, teils aus Übermut die unmöglichsten Gegenstände ihrem Leibe zuführten. Ihre Zeitgenossen erzählten gern von ihren oftmals übernormalen Kräften, spätere Generationen priesen diese aber als wahre Wunderkräfte. Solch ein bärenstarker Mann mit ungewöhnlichem Appetit war Jakob Kahle, ein Gemüsebauer – ein Krauter – aus der Wittenberger Schloßvorstadt. Er hat wirklich gelebt, denn das Wittenberger Kirchenbuch besagt, daß er am 10. September 1676 getauft wurde. Sein Geburtstag wird also ein bis zwei Tage vorher gewesen sein. – Sein Vater Jakob und seine Mutter Margarete waren rechtschaffene Ackerbauersleute, die ein kleines Besitztum vor den Toren der alten Festungsstadt hatten.

Im besten Mannesalter vollbrachte Jakob Kahle allerlei Kraftleistungen und lustige Streiche. Wenn er zum Beispiel in die Häuser kam, bettelte er um eine Kieselsteinsuppe, aß dann auch die Steine mit, wenn man es wollte. Lebendige Tiere, Vögel, Mäuse, verschlang Kahle so, daß viele ihren Angstschrei noch aus seinem Magen zu hören glaubten. Deshalb sollte er bei einem Prozeß seines Nachbarn nicht als Zeuge zugelassen werden, da er angeblich „vom Teufel völlig besessen sei". Kahle starb am 10. März 1753 im Alter von 76$^{1}/_{2}$ Jahren. Man schnitt seinen Magen auf. Da war alles inwendig mit langen, rauhen Haaren bewachsen. Dieser präparierte Magen wurde noch lange in der Wittenberger medizinischen Fakultät aufbewahrt. Der in späterer Zeit im Wittenberger Heimatmuseum gezeigte „Magen" Freßkahles war nach eingehenden Untersuchungen des 1941 verstorbenen Heimatforschers und Ehrenbürgers von Wittenberg, Sanitätsrat Dr. Krüger, ein Teil der Harn- und Geschlechtsorgane einer Kuh.

Freßkahle verschlingt einen Dudelsack

Es dämmerte schon in der alten, verräucherten Stube des Gasthauses „Zum Grauen Wolf". Die auf der Sankt-Nikolaus-Straße*) in Richtung Belzig vorbeiziehenden Kaufmannswagen ratterten auf dem alten Kopfsteinpflaster, so daß der gelockerte Putz der Fachwerkdecke bröckelnd herunterfiel. Die am runden Stammtisch sitzenden Männer achteten nicht darauf. Sie waren im Gespräch vertieft und redeten vom Wetter, von den letzten Viehpreisen auf dem Schweinemarkt und schimpften auf den Amtsschösser im Schloß, der ihnen die zu ihrer eigenen Bodenbestellung notwendige Freizeit nicht gewährte, sondern immer mehr und mehr Hand- und Spanndienste von ihnen verlangte. – Plötzlich wurden sie leiser, denn ein Fremder mit einem Dudelsack – wahrscheinlich ein reisender Spielmann – war hereingetreten und hatte an einem der Fenstertische Platz genommen. Man wußte nie so recht, woran man war, bei solchen „fremden Vögeln". Nur schleppend ging das Gespräch weiter.

Gerade als Vorstädter Hinze seinem Nachbarn Kranepuhl klarmachen wollte, wie und zu welcher Zeit der Rischebach in der Schatzung am besten zu entschlammen wäre, ohne daß der Amtsmüller an der Schloßkirche Zeter und Mordio schreien würde, trat ein weiterer Mann herein. Bei der dürftigen Funzelbeleuchtung hatten sie Kahle nicht sogleich bemerkt. Als er jedoch näher an den Tisch trat, wurde er erkannt und nun lebhaft begrüßt. Schnell rückten sie zusammen, und der Wirt brachte eine Kanne Wittenberger Bier, „Kuckuck" genannt.

---
*) der heutigen Puschkinstraße

„Jakob, erzähle uns etwas Neues, du bist doch heute über Land gewesen!" bat der immer auf Neuigkeiten erpichte Hufschmied Gänßgen. Kahle blickte in die rauchgeschwängerte Stube und bemerkte erst jetzt den fremden Mann mit seinem Dudelsack. Dieser Spielmann kam unserem Jakob ziemlich bekannt vor, er wußte aber nicht woher.

Auch die anderen Tischgenossen bemerkten, daß Kahle so unentschlossen war und nicht so recht ins Gespräch kam. Indessen rückte der Dudelsackspieler etwas näher heran. Die genossenen Getränke lösten bald seine Zunge und seine lustigen Geschichten fanden bei den Vorstädtern Anklang.

Nachdem verschiedene Kannen Bier die Runde gemacht hatten, wurde der Spielmann noch redseliger. Er schnitt dabei unheimlich auf. Freßkahle sah sich das eine Weile mit an, dann wurde ihm dies doch zu bunt. Als der Fremde gerade eine tolle Behauptung aufstellte, widersprach ihm Jakob und schlug eine Wette vor. Der Wittenberger nahm für sich in Anspruch, daß er imstande sei, den alten, zähen Dudelsack des Spielmanns zu vertilgen. Er wußte, daß dann alle Aufschneidereien des Fremden verblassen würden. Der Spielmann schlug nicht sogleich in die hingehaltene Rechte Kahles ein, aber durch die Hänseleien der Ackerbauern ließ er sich doch dazu hinreißen. Die Wette ging um einen Taler, alle sollten Zeuge sein. Der Spielmann glaubte immer noch nicht, daß die Wette ausgeführt würde. Da griff jedoch Freßkahle schon zum Dudelsack und begann, seine „Mahlzeit" einzunehmen. Dem Fremden wurde angst und bange.

Gerne hätte er die Wette rückgängig gemacht, aber durch den Heißhunger Kahles sichtlich beeindruckt, verhielt er sich ruhig und machte gute Miene zum bösen Spiel. Bald war die Hälfte des Dudelsacks im Magen unseres Jakob verschwunden. Schnell nahm dieser einige Schluck vom „Kuckuck" zu sich, und schon ging es mit dem Schmaus weiter.

Die letzten Hautteile des zähen Instruments verschwanden, nur die „Hörner" machten einige Schwierigkeiten. Freßkahle nahm sie als Nachtisch zu sich. Als auch sie verschwunden waren, klatschten alle freudig in die Hände und zollten ihrem Landsmann starken Beifall. Der Fremde aber stand wie ein begossener Pudel da, als seien ihm alle Felle weggeschwommen.

Freßkahle reckte sich und sagte aus Scherz, daß nunmehr auch der Besitzer des Dudelsackes daran käme. Als dies der Spielmann hörte, war er aufs tiefste erschrocken, zumal er nicht eine Minute lang an der Ausführung des geplanten Vorhabens zweifelte. Im Nu sprang er durch das offene Gaststubenfenster hinaus ins Freie und lief in Richtung Apollensdorf davon. Freßkahle verfolgte ihn noch bis zur Rothemark, dann kehrte er aber wieder zum „Gasthaus" zurück, um noch in froher Runde die gewonnene Wette zu feiern. Bewundernd sagte der alte Bauer Hinze zu seinem Nachbarn Kranepuhl: „Weeste, man muß sich wundern, wie Freßkahle mitten vullgeschloanen Wanst noch so flink loofen kunne!"

Freßkahle trägt vier Burschen nach Wittenberg

Eines Tages kam Freßkahle von Braun (Dabrun) am Elbdamm entlanggeschritten und traf dort auf vier junge Burschen. Sie lagen erschöpft unter einer alten Rüster am Wegesrande. Einer bemerkte Kahle und fragte ihn, wohin sein Weg führe. Kahle setzte sich zu ihm, und bald waren sie eifrig ins Gespräch gekommen. Dabei erfuhr der Wittenberger, daß diese jungen Burschen bereits eine weite Wanderung hinter sich hatten und vollkommen erschöpft mit wunden Füßen im Grase lagen. Er lud sie ein, in seinem Vaterhause einen Imbiß zu nehmen und dort zu übernachten. Dann sollten sie am nächsten Tage getrost weiterwandern.

Die vier Burschen nahmen dankbar Kahles Vorschlag an. Sie erhoben sich, aber so sehr sie sich auch bemühten, sie konnten vor Schmerz nicht mehr weiter. Da packte Freßkahle den einen und setzte ihn auf seinen Buckel, auf jeden Arm nahm er einen, und den vierten, der noch im Grase lag, griff er mit den Zähnen auf. So belastet erreichte er – nachdem er die Wachsdorfer Überfahrt überschritten hatte – den Elbübergang bei Pratau. Hier setzte er die Burschen erstmalig ab. Sie waren froh, wieder festen Boden unter den Füßen zu haben. Nun betraten sie alle die Kahnfähre, denn eine Elbbrücke war am Anfang des 18. Jahrhunderts nicht vorhanden. Als sie das Wittenberger Elbufer hinangeschritten waren, nahmen die Wandersleute wieder ihre mehr oder weniger guten Plätze ein und, rüstig ausschreitend, kam Kahle mit seiner Last in der Clausstraße an. Vor dem Hause seines Vaters setzte er sie ab. Nachdem Jakob seiner Mutter erzählt hatte, wo und unter welchen Umständen er die vier jungen Wanderer aufgefunden hatte, begrüßte sie freundlich die Eintretenden.

Die Amtsfischer vor dem Schloßtore aber, die Freßkahle mit seiner ungewöhnlichen Last vorbeigehen sahen, sprachen noch lange davon und bestätigten das Gesehene in einer Gerichtsverhandlung unter Eid.

*

Es sind weitere eidliche Aussagen vorhanden, aus denen hervorgeht, daß Kahle bei Wetten und aus Übermut in seinen besten Jahren ganze Ferkel, Brote, dazu 8 Schock Pflaumen (480 Stück), aber auch eiserne und töpferne Geräte verschlingen konnte. Dazu verfügte er über ungeheure Körperkräfte. Als zum Beispiel ein Schmiedemeister seinen Gesellen nicht gestattete, mit Kahle eine „Sauftour" zu machen, trug ihm Kahle seinen schweren Amboß aus der Werkstatt und stellte ihn auf den Hof. Vier Männer mußten ihn dann wieder an Ort und Stelle bringen.

Freßkahle war so bekannt und „berühmt", daß 1757 der Zittauer Mediziner Christian Gottfried Frenzel seine Doktorarbeit an der Wittenberger Universität über das interessante Thema „De Polyphago et Allotriophago Wittebergense", also „Über den Wittenberger Vielfresser und Verschlinger absonderlicher Dinge", schrieb.

Das Moormännchen von Jahmo

Das Flämingsdorf Jahmo besteht aus dem Unterdorf und dem Oberdorf. Dicht beim Unterdorf befand sich ein großes Moorgelände. Die mit den Wegeverhältnissen vertrauten Dorfbewohner konnten auf einem bestimmten Landstreifen darüber hinweggehen, wenn es nicht zu sehr geregnet hatte und Sommer war. Ein Abkommen vom Wege wurde manchem zum Verhängnis.

In früheren Zeiten – so erzählen sich die Alten im Dorfe – hat hier ein großer Tümpel gelegen, in dem das Moormännchen wohnte. Diesem Wesen schrieb man übernatürliche Kräfte zu, es konnte Gutes, aber auch Böses tun. Um das Männchen bei guter Laune zu halten, war es üblich, daß die Jahmoer ihm Gebackenes und Geschlachtetes zukommen ließen. Diese Sachen warfen sie einfach in den Tümpel in der Hoffnung, daß sie von dem Moormännchen gefunden wurden.

Ein armer Häusler hatte einmal die Gabe vergessen und als seine einzige Kuh erkrankte, dachte er sofort an das Moormännchen, deshalb holte er das Versäumte nach und siehe da, die Kuh wurde wieder gesund. Im Oberdorf wohnte damals ein geiziger Bauer. Er war der Meinung, daß die Sache mit dem Moormännchen ein großer Schwindel wäre. Er gab niemals etwas von seinem Reichtum ab, wenn er den Steig durch den Tümpel benutzte. Eines Nachts erschrak er, als ihn ein heller Schein umgab, denn seine vollgefüllte Scheune brannte lichterloh. Er konnte von Glück sagen, daß sein Wohnhaus und seine Stallgebäude vom Feuer verschont blieben. Von da ab hatte er es niemals wieder unterlassen, das Moormännchen mit einer Gabe zu erfreuen.

In dem alten baufälligen Armenhause des Dorfes wohnte ein altes Mütterchen. Sie sammelte im nahen Walde Brennholz und trug es nach Hause. Das

Gehen wurde ihr immer schwerer und die Last auf dem gekrümmten Rücken drückte immer stärker. So ruhte sie sich von Zeit zu Zeit aus. Da kam ein kräftiger Mann des Weges, der ihr die schwere Last abnahm und sie nach Hause brachte. Gleichzeitig unterstützte er das alte Mütterchen beim Gehen. Dort angekommen bat er die alte Frau, sie sollte in die Stube gehen und sich ausruhen. Inzwischen trug er das Holz in den Schuppen. Wie erstaunte die alte Frau, als sie den Schuppen betrat, denn der Fremde hatte nicht nur das Holz schön zerkleinert, sondern es auch hoch aufgestapelt. Damit war ihr für längere Zeit die drückende Sorge genommen. Sie glaubte nun fest, daß diese Arbeit das gute Moormännchen getan hatte und brachte eine kleine Gabe zum Tümpel.

Schon lange ist der Tümpel zugeschüttet worden und verschwunden. Damit hat man auch niemals wieder etwas von dem Moormännchen gehört. Nur in stillen Winterabenden, wenn das Dorf ringsum eingeschneit ist, erzählen sich die alten Leute die von Generation zu Generation weiter überlieferten Geschichten von dem Moormännchen.

Die weiße Frau und der Soldat

Im Schlosse zu Wittenberg erschien von Zeit zu Zeit um Mitternacht die weiße Frau. Viele hatten sie schon gesehen, aber noch niemand hatte gewagt, sie anzureden oder ihr zu folgen. Endlich beschlossen mehrere Soldaten, dies zu tun. Am Abend setzten sie sich in ein Zimmer, das auf dem Gange lag, der zur Schloßkirche führt, und vertrieben sich die Zeit bis Mitternacht mit Kartenspiel. Als die Turmglocke die Mitternachtsstunde schlug, da fiel einer der Soldaten nach dem andern in tiefen Schlaf. Nur einer, der ein Sonntagskind war, blieb munter. Dieser sah, wie sich leise die Thür öffnete und die weiße Frau hereintrat. Sie winkte dem Soldaten mit der Hand, ihr zu folgen. Dann führte sie ihn durch mehrere Gänge des Schlosses zu einer verborgenen Kammer. In derselben stand eine große Truhe, die mit Gold- und Silbermünzen angefüllt war. Die weiße Frau füllte einen großen Beutel mit diesen Münzen und reichte ihn dem Soldaten. Doch mußte er ihr versprechen, niemand etwas davon zu sagen. Hierauf führte sie ihn zu seinen Kameraden zurück und verschwand. Sorgfältig verbarg der Soldat den Beutel und weckte dann die anderen. Sie blieben zusammen noch einige Zeit wach und gingen dann zu Bett.

Nach Beendigung seiner Dienstzeit blieb jener, dem die weiße Frau erschienen war, in Wittenberg und heiratete bald darauf. Am Abend des Hochzeitstages, als alle in fröhlichster Stimmung waren, drangen die Gäste in den Bräutigam, er möge doch erzählen, woher sein Reichtum stamme. Anfangs sträubte er sich wohl, aber der genossene Wein ließ ihn das Versprechen, welches er der weißen Frau gegeben hatte, vergessen. So begann er denn, jenes Erlebnis zu erzählen. Kaum aber hatte er damit angefangen, so klopfte es dreimal heftig gegen das Fenster. „Das war die weiße Frau," flüsterte der Bräutigam erbleichend und schwieg stille. Seit der Zeit aber kränkelte er, nichts wollte ihm mehr gelingen, und er starb bald darauf als ein armer Mann.

Die Sage vom Michelsberg

Im südwestlichen Teil des Flämings, in der Nähe des Verbindungsweges zwischen den Dörfern Jahmo und Grabo, erhebt sich der Michelsberg. Er ist 185 Meter hoch, und neben dem Hirseberg bei Berkau mit seinen 187 Metern der zweithöchste Berg des Fläming. Durch seine eigenartige Form hat er schon immer die Aufmerksamkeit der Flämingswanderer erregt. Auf dem Berge sind noch die Grundmauern einer Kapelle vorhanden. Ausgrabungen haben nicht den Beweis erbringen können, daß sich hier in alter Zeit eine Burg, die Michelsburg, befunden hätte. Die Bewohner der Gegend behaupten freilich, daß das doch der Fall sei. So erklärt es sich, daß die Sage vom Michel dort in mancherlei Form erzählt wird. Michel war eines armen Ritters Sohn, der in der Nähe des Michelsberges einen im sumpfigen Gelände liegenden Burgwart* besaß. Der Burgwart selbst war aus hohen Findlingsblöcken erbaut und mit Stroh- und Schilfdächern eingedeckt. Michel tat seinen Dienst im Kriege gegen die heidnischen Wenden und verlor im Kampf die linke Hand. So verstümmelt, kehrte er in seinen Burgwart zurück. Seine ganze Liebe gehörte seinem Töchterlein, das seine schon früh verstorbene Gattin ihm hinterlassen hatte. Er hätte es gern gesehen, wenn einer der in der Umgebung wohnenden Ritter sie als Eheweib in seine Burg geführt hätte. Aber wer sollte das arme Ritterfräulein, deren Vater nur einen baufälligen Burgwart besaß, heiraten?

Da geschah eines Tages etwas Wunderbares. Der Ritter hatte mit seinen riesigen Hunden die sumpfigen Wälder und Wiesen in der Umgebung des Burgwarts durchjagt. Seine Hunde hatten einen schwarzen Hirsch aufgestöbert und

---

*) Wohnturm einer alten Burg

diesen in den grundlosen Sumpf getrieben. Er wäre verloren gewesen. Da rief er dem Jäger zu: „Schenke mir mein Leben, dann soll dir ein Wunsch erfüllt werden!" Der Ritter rief seine Hunde zurück, und auf die Frage, was der Hirsch ihm schenken solle, wünschte er sich eine Ritterburg auf einem steilen Berge in der Nähe des Burgwarts. Der Hirsch sprach: „Dein Wunsch ist dir gewährt. Aber du mußt mir geloben, daß in deiner Burg niemals ein Gottesdienst stattfindet. Damit du dein Versprechen nicht vergißt, soll der Berg, auf dem sich die Burg erhebt, die Gestalt deiner linken Hand erhalten!" Der Ritter gab das Versprechen.

In der Nacht erhob sich ein großer Sturm, und am Morgen ragte auf einem früher kahlen Sandfeld der handförmige Berg mit der Michelsburg auf. Am Fuß des Berges rieselte ein kleiner Quell hervor. Nur eins fehlte der Burg, sie hatte keine Kapelle. Das Ritterfräulein war über die Wandlung zum Glück sehr froh und wollte ihren alten Lehrer, einem Mönch aus einem nahe gelegenen Kloster, mit auf die Burg nehmen. Der Vater verbot ihr dieses mit scharfen Worten. Als aber alle hohen Feste vorübergingen, ohne daß in der Burg eine kirchliche Handlung stattfand, wurde des Ritters Tochter tief betrübt und unmutig. Dem Mönch, der sie bei einem Besuch im alten Burgwart nach dem Grunde ihres Kummers fragte, erzählte sie davon. Er tröstete sie: „Warte, wenn das Weihnachtsfest kommt und dein Vater nicht auf der Burg ist, komme ich zur Burg, und wir werden den Heiligen Abend mit dem Gesinde festlich begehen!" Das geschah nun auch. Aber der Vater kehrte unerwartet zurück, und als er den Kirchengesang aus dem Wohngemach hörte, stürmte er hinein, trieb mit der Peitsche den Mönch aus der Burg, jagte ihn den Berg hinunter und hetzte ihn mit den Hunden in den Sumpf, wo der Mönch elend umkam. Mit den Worten: „Sei ewig verflucht, du sollst keine Ruhe im Grabe finden!" versank er.

Des Ritters Töchterlein wollte nicht mehr bei dem jähzornigen Vater bleiben und ging als Nonne ins Kloster. Auch der Ritter sollte bald merken, daß seine schlimme Tat und das gebrochene Versprechen gerächt wurde. Heidnische Wenden zogen in großer Zahl herbei, belagerten die Burg, eroberten sie und steckten sie in Brand. Beim Suchen nach Schätzen und nach der Leiche des Ritters fanden sie aber nichts. Man erzählt, daß der Ritter seine Werte in einem unterirdischen Gewölbe wohlversteckt hatte, und noch heute versuchen Schatzgräber, sie zu finden, was bisher nicht gelang. Der Ritter aber, als er merkte, daß die Burg verloren war, wäre durch einen heimlichen Gang nach der Wallburg bei Dobien geflüchtet. Später sei er in das Heer der Kreuzfahrer eingetreten, um sein Unrecht wieder gutzumachen, und habe nach Taten großer Tapferkeit den Tod gefunden. Der Fluch des Mönches habe sich erfüllt. Der Ritter fand im Grabe keine Ruhe, er durchstreift um Mitternacht den Wald am Michelsberg, und Abergläubische vermeiden daher nachts den Fußweg über diesen Berg. Die Nonne aber hat an der Stelle, wo einst die Burg stand, eine Wallfahrtskapelle errichten lassen, von der noch die Reste vorhanden sind.

Die Audienz bei der Kurfürstin

Der „lustige Rath" am Hofe des sächsischen Kurfürsten Christian II. (1591-1611) war der Wittenberger Universitätsprofessor Friedrich Taubmann. Er stammte aus ärmeren Verhältnissen und hatte es in der Jugend sehr schwer gehabt, so daß er erst spät zum Studium kam. So errang er erst mit 27 Jahren an der Alma mater in Wittenberg den Grad des Baccalaureus und erhielt endlich 1595 hier eine Professur für Poesie. Durch seine Schlagfertigkeit und Beredsamkeit, verbunden mit einem gesunden Humor machte er sich am Hofe in Dresden beliebt, ohne daß man ihn als Hofnarr bezeichnen kann. Als er wieder einmal dort verweilte, fragte ihn die Kurfürstin, warum er denn nicht einmal bisher seine Frau mitgebracht hätte. Sie möchte sie gern kennenlernen.

Taubmann wußte zu genau, daß seine Eheliebste eine lockere Zunge hatte, alles ausposaunte, was sie irgendwo erfahren hatte und was oft nicht für fremde Ohren bestimmt war. Er hatte schnell die richtige Antwort im Munde, als er der Kurfürstin spitzbübisch offenbarte: „Meine Frau ist leider fast taub. Es würde für Ew. Durchlaucht kein Vergnügen sein, sich mit ihr zu unterhalten." „Taub? Aber das macht doch gar nichts", äußerte sich darauf die Fürstin und versprach sich davon wieder einen großen Spaß und allerlei komische Situationen.

Taubmann konnte nun nicht anders, als seine Frau mit nach Dresden zu nehmen, verwarnte sie aber eindringlich, sich dort höfisch zu benehmen und nicht alles auszuplaudern, was sie von Wittenberg zu berichten hatte.

Im Thronsaal des Dresdener Schlosses führte nun der Professor seine Frau zur Kurfürstin. Vorher hatte er noch ganz schnell ihren Gemahl davon unterrichtet und beide hatten sich einen großen Spaß von der nun folgenden Unterredung der Frauen versprochen, weil Taubmann seiner Frau erklärt hatte, daß die

Fürstin schwerhörig sei. Im Nebenzimmer saßen die beiden Männer und konnten es kaum erwarten, daß das Gespräch begann.

Neugierig betrachtete die hohe Frau die kleine, hübsche Wittenbergerin, dann begann sie mit donnernder Stimme zu fragen: „Also Sie sind die Frau unseres berühmten Professors! Wie sind Sie denn so mit ihrem Mann zufrieden, liebe Frau Taubmann?" Da antwortete die Taubmannin fast schreiend: „O, recht gut! Manchmal bleibt er allerdings ein bißchen lange weg!" Verwundert dachte die Kurfürstin bei sich, daß man wohl in Wittenberg einen solchen lauten Tonfall allgemein an sich hatte und fragte nun weiter: „Wie haben Sie sich denn eigentlich kennengelernt?" „Eigentlich schon als Kinder. Und eines Tages hielt dann Fritz um meine Hand an", schrie Frau Taubmann. So ging das schreiend und gestikulierend immer weiter, während sich der Kurfürst und der Professor bogen vor Lachen.

„Na, und hat der Vater gleich ja gesagt?"

„Nein, er wollte zuerst nicht."

„Warum?"

„Ich habe noch eine ältere Schwester, die damals noch ledig war, und mein Vater war der Ansicht, daß diese vor mir unter die Haube kommen müßte."

„Und was hat Ihr Mann darauf gemacht?"

„Er sagte zu meinem Vater, daß es doch Sitte sei, die jüngeren Kinder zuerst ins Bett zu bringen", antwortete lachend die Frau des Professors. Als nun die Kurfürstin den Sinn nicht gleich verstand, schrie die Taubmannin wie eine Sirene ganz laut den Satz noch einmal. Das war für die Fürstin zuviel, ihr taten schon die Ohren weh und sie fragte mit ernster Miene, daß es ja schwierig sein müßte, wenn sie sich mit ihrem Mann bei dieser Taubheit unterhalten wollte. Ihre Stimme kippte um und nur noch kreischend mit einer Art von Fisteltönen und krampfhaftem Zwerchfell konnte sie weitersprechen. Da antwortete Frau Taubmann noch einmal: „Aber warum brüllen Sie denn so, ich bin zwar mit einem Taubmann verheiratet, bin aber doch nicht taub." Dieselbe Frage stellte anschließend die Fürstin und erfuhr so, wie Taubmann seine Frau vorbereitet hatte. Vollkommen außer Atem sank Kurfürstin Hedwig in ihren Prunksessel zurück und war völlig erschöpft.

Da erst erkannten die beiden Frauen, wie sie von ihren Männern auf die Schippe genommen worden waren, und als die beiden Gemahle nun den Audienzsaal betraten, lachten nicht nur diese, sondern alle Hofdamen mit. Nur die Kurfürstin war von diesem Possenspiel völlig am Ende ihrer Kräfte, krampfhaft lächelnd verließ sie den Saal. Der Chronist berichtet, wenn man ihm glauben darf, daß sich die hohe Frau sofort ins Bett legen mußte

Der schlagfertige Professor

Taubmann starb am 24. März 1613 in Wittenberg. Mit ihm ging ein Hochschullehrer dahin, der es verstanden hatte, noch einmal eine Glanzzeit der Wittenberger Universität erstehen zu lassen.

Viele Anekdoten zeugen von Taubmanns Schlagfertigkeit, aber auch von seiner treffsicheren Kritik an gesellschaftlichen Mißständen und persönlichen Schwächen. Hier einige Beispiele:

Einmal wollte der Kurfürst Christian II. von Taubmann wissen, weshalb sein Bart auf der einen Seite ergrauter sei als auf der anderen. „Das kommt daher", sagte Taubmann, „auf dieser Seite haben mich die ungestümen Winde in Dresden mehr angeweht."

Alles besitze er, meinte derselbe Kurfürst an der Tafel, ihm fehle nicht das geringste. „Doch", antwortete Taubmann, „die Wahrheit, doch die hat schon Euer Großvater vom Hofe vertrieben."

Eines Tages kam Taubmann, als Brillenmacher verkleidet, zum Kurfürsten nach Torgau und bat ihn um eine kleine Gabe. „Was treibt Ihr für ein Handwerk?" fragte der Fürst. Taubmann antwortete: „Ein Brillenmacher bin ich, aber meine Ware geht kaum noch ab, da alle Fürsten und Herren jetzt durch die Finger sehen."

In Prag betrat Taubmann eine Kirche, da sagte ein Jesuit zu ihm: „Du scheinst kein Katholik zu sein!" „Nein, denn nichts ist schlimmer als scheinen!" entgegnete der Wittenberger.

Taubmann behauptete einmal, daß seine Frau und das Echo einander gleichen. Als man ihn fragte, wieso, erwiderte er: "Beide haben immer das letzte Wort."

Als Taubmann, elend gekleidet, im Winter vom Bürgermeister vor der Tür gefragt wurde, warum er nicht friere, antwortete er, die geringe Bezahlung der Professoren gar nicht erwähnend: „Weil ich alle meine Fest- und Alltagskleider anhabe", worauf ihn der Bürgermeister vom Haupt bis zum Fuß kleiden ließ.

Einmal spielte Taubmann am kurfürstlichen Hof vor dem römischen Kardinal Clesel und seinen Begleitern sehr schön auf der Laute. Einer der Zuhörer verglich ihn mit Orpheus. Da entgegnete Taubmann: „Freilich, freilich, darum habe ich als ein anderer Orpheus so einen Haufen römischer Bestien um mich sitzen."

Als der Kardinal Clesel von Taubmann gefragt wurde, ob er auch wohl wisse, wo Christus nicht wäre, und der Kardinal antwortete: „In der Hölle", sagte Taubmann: „Nein, zu Rom ist er nicht, denn da hat er einen Stellvertreter."

Von einem seiner Tischburschen, der all seine Habe verjubelt hatte und Soldat wurde, sagte Taubmann: „So gehts, Ihr Herren, wenn man das Gold und Silber vertan hat, muß man schließlich zum Eisen greifen!"

Als bei einer Festlichkeit im Schloß Taubmann zufällig einem Edelmann voranging und dieser erbost meinte: „Es verdrießt mich, daß heute jeder Narr vorangeht", erwiderte Taubmann: „Mich durchaus nicht!" und trat schnell hinter ihn.

Taubmann ist auch, wie Ulrich von Hutten, zum poeta laureatus erhoben worden, das heißt, es ist ihm ein mit Goldfäden durchwobener Lorbeerkranz aufs Haupt gesetzt worden; dieser verblichene Lorbeerkranz befindet sich noch heute in der Lutherhalle und erinnert uns an den Mann, der allgemeine Liebe und Verehrung genossen hat.

Berthas Grab

Nachdem der kaiserliche General Wallenstein im 30jährigen Krieg das Heer des Grafen Mansfeld an der Dessauer Brücke und Tilly den Dänenkönig Christian IV. bei Lutter am Barenberg vernichtend geschlagen hatten, befand sich nahezu ganz Norddeutschland in der Hand der Katholischen Liga. Da landete im Jahre 1630 König Gustav Adolf von Schweden mit einem Heer, das durch deutsche Söldner bald vergrößert wurde, auf der Insel Usedom. Zunächst als „Schneekönig" verspottet, belehrte er seine Gegner bald eines Besseren, schlug ein Jahr später Tilly bei Breitenfeld entscheidend und siegte danach bei Rain am Lech, wobei Tilly tödlich verwundet wurde. In der Schlacht bei Lützen, die im gleichen Jahr 1632 stattfand, fiel dann der Schwedenkönig im Kampf gegen Wallensteins Heer.

Doch war danach der Krieg noch lange nicht beendet. Da das schwedische Heer aus der fernen Heimat keinen Nachschub erhalten konnte, mußte, wie man sagte, der Krieg den Krieg ernähren. So zogen die Schweden plündernd und raubend durch das Land und wurden wegen ihrer Grausamkeit zum Schrecken besonders der Dorfbewohner. Diese flüchteten daher, in Erwartung feindlicher Heerhaufen, mit ihrer wertvolleren Habe oft in nahe Wälder und suchten sich dort bis zum Abzug der Söldner zu verbergen.

So geschah es in jener Zeit, als das Nahen schwedischer Truppen bekannt wurde, daß Bertha mit ihrer altersschwachen Mutter, um Mißhandlungen zu entgehen, in die Dübener Heide floh. Sie war die Tochter eines wohlhabenden Bauern aus einem Dorfe nahe bei Wittenberg; doch ihr Vater lebte nicht mehr. Mühsam war für die Frauen der Weg durch die Nacht. Oft konnte die alte, gebrechliche Mutter, die sich auf ihre Tochter stützte, nicht mehr weitergehen und mußte getragen werden.

Endlich, am Ende ihrer Kräfte, kamen beide bei dem Gemäuer einer zerfallenen ehemaligen Einsiedlerklause an, die noch ein wenig Schutz vor der Witterung zu versprechen schien, und sie glaubten sich gerettet. So gut es ging, bettete die Tochter ihre zu Tode erschöpfte Mutter in einem noch überdachten Winkel. Dann warteten sie einige Tage ab und lebten von dem, was sie hatten mit sich tragen können.

Als das letzte Stück Brot gegessen und der letzte Schluck Wasser getrunken war, blieb Bertha nichts anderes übrig, als das Versteck zu verlassen, um nachzusehen, ob die Söldner weitergezogen waren und ob sie zurückkehren konnten, oder um Nahrung herbeizuschaffen. So machte sie sich auf den Weg. Doch fand sie die einzeln gelegenen Gehöfte ausgeraubt oder niedergebrannt, und die Bauersleute waren meist ermordet worden. Als sie sich ihrem Dorf näherte, hörte sie schon von weitem das Grölen der betrunkenen Landsknechte. Es blieb ihr nichts anderes übrig, als traurig und unverrichteter Dinge umzukehren. Schließlich kniete sie verzweifelt nieder und betete zu Gott, daß er ihrer kranken Mutter und ihr selbst helfen möge.

Als Bertha so andächtig im Gebet versunken war, hörte sie zu spät, wie ein Reiter auf sie zugeprescht kam. Als sie ihn dann bemerkt hatte, blieb sie weiterhin auf den Knien und hoffte, daß der Soldat einer Betenden nichts antun und Gott sie schützen würde. Doch der schwedische Reiter sah eine goldene Kette am Hals der jungen Frau, und an ihrem Finger blitzte ein Ring auf. Da zog er sein Schwert und haute sie nieder. Danach beraubte er sie und sprengte davon.

Bertha war aber nicht sofort tödlich getroffen. Während sie noch mit dem Tode rang und um Hilfe rief, kam ihr Bruder dorthin, der nach seiner Mutter und Schwester suchte. Eilends lief er herbei, doch kam alle Hilfe zu spät. Sie

konnte ihm nur noch mühsam sagen, was geschehen war, wo die Mutter zu finden war, und ihn bitten, für sie Wasser und Brot zu beschaffen.

Robert, so hieß der Bruder, suchte nun und fand seine Mutter schließlich in der verfallenen Klause. Aber zu seinem großen Kummer war die alte Frau inzwischen verstorben. So blieb dem Sohn nichts anderes übrig, als sie und die herbeigetragene Schwester zu beerdigen.

Wie Robert sich nun bemühte, mit einer Axt, die er als Waffe mit sich geführt hatte, und den bloßen Händen ein Grab auszuheben, hörte er plötzlich aus der Ferne Hilferufe. Schnell eilte er dorthin und traf auf einen Schweden, der vom Pferd gestürzt war und sich nicht wieder erheben konnte. Flehentlich bat der Verletzte, ihm zu helfen, und er bot Robert als Lohn dafür einen goldenen Ring an. Da erkannte der Bruder gleich, daß es der Ring seiner Schwester war, der ihm entgegengehalten wurde, und daß er ihren Mörder gefunden hatte. Voller Wut schrie er den verletzten Reiter an: „Von mir, du Mörder meiner Schwester, kannst du keine Hilfe und auch keine Gnade erwarten!" Dabei erhob er seine Axt und spaltete den Schädel des Schweden mit einem furchtbaren Schlag. Danach ließ er ihn liegen, den Raben und Wölfen zum Fraß.

Nachdem das geschehen war, ging Robert zurück, begrub Bertha und seine Mutter und setzte ihnen ein Kreuz auf das Grab. Dieses Kreuz wurde später von Roberts Nachkommen immer wieder erneuert. Das geschah auch noch, als hier eine Landstraße vorbeigeführt worden war. So nennt man die Stelle auch heute noch „Berthas Grab", und manch einer legt im Vorübergehen einen frischen Buchen- oder Eichenzweig dort nieder.

Der Teufel in der Elbe

Ein Schiffer ging traurig am Hafen auf und nieder, weil er gar nicht wußte, wie er ein Schiff bekommen sollte. Da trat ein feiner Herr zu ihm, der aber niemand anders als der Teufel selber war. Dieser versprach ihm ein Schiff: er solle es sogar für immer als Eigentum behalten, wenn er ihm bei seiner Rückkehr in den Hafen etwas zu tun geben könne, was ihm auszurichten unmöglich wäre. Der Schiffer nahm in seiner Not das Anerbieten an und erhielt ein Schiff. Es war ganz leer, aber neu und gut. Er bemannte es, fand Ladung und machte eine vorteilhafte und schnelle Reise. Als er aber bei der Rückkehr wieder in die Nähe des Hafens kam, gedachte er seines Versprechens und ging voller Sorgen auf dem Deck hin und her. Sein Sohn, der Steuermann war, bemerkte seine Verstimmung und drang mit Fragen in den Vater.

Da bekannte der Schiffer endlich, wie es zwischen ihm und dem Teufel stünde. Aber der Sohn sagte: „Wenn es weiter nichts ist, so geh ruhig in die Kajüte und laß mich nur machen." Der Vater ging hinunter; der Junge saß am Steuer; das Wasser schwoll mit Macht, und ein starker Wind wehte. Da ließ er alle Segel aufsetzen und wie ein Pfeil flog das Schiff den Elbstrom entlang. Kurz vor dem Hafen stand auf einmal der Teufel an Bord und forderte, man möge ihm eine Aufgabe stellen. Da befahl der Junge den Schiffsknechten, den großen Anker herunter zu lassen, und wie nun das große Tau von der Welle flog, mußte der Teufel zugreifen, und sollte das Schiff im Laufe aufhalten. Da war aber die Fahrt so schnell, und der Teufel hielt das Tau so fest, daß er durch das Loch, durch welches das Tau lief, hindurchgezogen wurde und mit lautem Wehgeschrei hinaus in das Wasser flog, in welchem er untertauchte.

Seit der Zeit hatte er für immer darin bleiben müssen. Bei stürmischem Wetter, wenn Leute von einem Ufer zum anderen wollen und niemand sie

übersetzen will, brauchen sie nur zu rufen, dann muß der Teufel kommen und sie über den Elbstrom fahren. Er darf aber kein Fährgeld nehmen. Man sagt, daß er viel zu tun und recht oft zu fahren hat.

Die Geldfresserin

In alter Zeit war es in vielen Familien üblich, daß an langen dunklen Winterabenden am Kamin- oder Herdfeuer Geschichten und Sagen erzählt wurden, die teils erbaulich bisweilen aber auch gruselig waren. So ist auch durch den Wittenberger Humanisten Melanchthon, den Weggefährten Luthers, eine solche Geschichte überliefert. Sie soll sich in der Mark Brandenburg, nicht weit von Wittenberg entfernt, zugetragen haben:

Im Brandenburgischen lebte in einem Dorf ein junges Mädchen, das eine seltsame Angewohnheit hatte. Sah es auf der Straße im Vorübergehen bei einer Frau oder einem Kind einen gelösten Faden aus der Bekleidung hängen, ging es sofort dorthin und schnitt das Fädchen mit einer Schere, die es stets bei sich trug, kurzerhand ab. Danach verwandelte sich der abgetrennte Faden in der Hand des Mädchens in unerklärlicher Weise sofort in ein Geldstück. Diese Münze nahm es dann in den Mund und zerkaute sie, wobei ein abscheuliches Zähneknirschen weithin zu hören war. War das eine Zeitlang geschehen, spuckte es alles wieder aus. Wenn dabei ein Geldstück einigermaßen in der Form erhalten geblieben war, nahmen es die Leute sofort vom Pflaster auf und verwendeten es später als Zahlungsmittel beim Krämer. Aber auch zerbissene Überreste einer Münze wurden von manch einem aufgesammelt und noch über geraume Zeit hin als Glücksbringer zu Hause aufbewahrt. Nachbarn des Mädchens wollen sogar gesehen haben, daß es bisweilen glühende Kohlen aus dem Küchenherd genommen und diese gegessen habe, ohne dabei Schaden zu nehmen.

Fast alle Leute des Ortes glaubten fest, daß das bedauerliche Mädchen vom Teufel besessen sein müsse, und mieden es, wo dies möglich war. Doch waren

sie übereingekommen, an jedem Sonntag in der Kirche dafür zu beten, daß der Satan von ihm weichen möge. So geschah alles eine Zeitlang, ohne daß sich etwas änderte.

Da – es war im Jahre 1538 – war plötzlich der ganze Spuk vorbei, und das Mädchen verhielt sich wieder völlig normal und unauffällig, ohne daß vorher von einem Priester eine Teufelsaustreibung oder sonstige Zeremonie vorgenommen worden war. Danach, so wird erzählt, sei das Mädchen zur Freude aller Dorfbewohner wieder in ihre Gemeinschaft aufgenommen worden.

Der Heck- oder Brotpfennig

Bereits in sehr alten kirchlichen und nichtkirchlichen Quellen finden Zauberei und Frauen, welche die Fähigkeit dazu haben sollen, Erwähnung. Im Mittelalter überlagerten dann Vorstellungen der Kirche vom Pakt mit dem Teufel diesen Volksglauben an Hexen, der schließlich am Ende dieser Zeitrechnung im Hexenwahn endete. Dieser Wahn wurde weiterhin durch die Hexen-Bulle des Papstes Innozenz VIII. sowie das Erscheinen des berüchtigten Buches mit dem Titel „Hexenhammer" noch weiter angefacht. Auch trug das Vordringen der „heiligen" Inquisition nach Deutschland dazu bei, daß immer mehr Hexenprozesse stattfanden.

Während dieser schlimmen Zeit geschah es, daß der Rat von Wittenberg in einem Dorf vor den Toren der Stadt eine alte Bauersfrau festnehmen ließ. Schon seit einiger Zeit hatten neidische Nachbarn, die der Frau ihren zunehmenden Wohlstand nicht gönnten, das Gerücht verbreitet, daß sie einen Heck- oder Brotpfennig besitzen müsse, mit dem sie Zauberei treibe. Ihr angebliches Vergehen soll dann auf folgende Weise ans Tageslicht gekommen sein:

Als die Bäuerin sich eines Tages wegen dringender Besorgungen nach Wittenberg begeben mußte, ordnete sie an, daß während ihrer Abwesenheit die Magd die Versorgung des Rindviehs übernehmen solle. Dabei habe sie so zu verfahren, daß sie, bevor sie die anderen Kühe melkt, die Milch von der ersten Kuh aufkochen müsse. Die heiße Milch solle sie dann in eine Schüssel mit zerschnittenem Weißbrot schütten und danach in einen großen Kasten stellen, der sich im Stall befindet. Erst wenn sie das erledigt hat, solle sich die Magd um die anderen Kühe kümmen, sie füttern und der Reihe nach melken.

Die Magd gab an, alles gut verstanden zu haben und es auszuführen, wie ihr aufgetragen worden war. So machte sich die Bauersfrau beruhigt auf den Weg

in die Stadt. Als die Zeit zum Melken gekommen war, begab sich die junge Magd in den Stall. Doch nahm sie hier die ihr gegebenen Anweisungen nicht so genau und dachte bei sich, daß es doch eigentlich ganz gleich sei, ob sie die Milch von der ersten oder die einer der anderen Kühe nehmen würde. Auch vergaß sie die aufgekochte Milch über das Weißbrot in die Schale zu gießen.

So ging sie mit dem Topf voller heißer Milch in der einen Hand zu der großen Kiste, öffnete mit der anderen Hand den Deckel und erschrak furchtbar, als ihr ein rabenschwarzes Kalb blökend sein gierig aufgeperrtes Maul entgegenstreckte. Die Magd war über den unerwarteten plötzlichen Anblick so entsetzt, daß sie die heiße Milch dem Tier in den aufgerissenen Rachen schüttete. Daraufhin sprang das Kalb, wild vor Schmerz, aus dem Verschlag und entfloh durch die offene Stalltür ins Freie. Als nun die Magd hinter dem entlaufenen Tier auf den Hof eilte, um es wieder einzufangen, sah sie voll Schrecken, daß das Bauernhaus in hellen Flammen stand.

Diese zusammengetroffenen Ereignisse hatten die junge Magd so sehr verwirrt, daß sie sich schließlich einbildete, das schwarze Kälbchen müsse eine Ausgeburt der Hölle sein und es habe das Haus aus Rache angezündet, weil sie ihm das Maul verbrannt hatte.

So erzählte sie das Geschehene dann auch ihrer Freundin, wonach es kein Wunder war, daß wenige Tage später die unheimliche Begebenheit im Dorf in aller Münder war. Da nun über die Bäuerin schon lange getuschelt wurde, daß Sie eine Beziehung zum Teufel habe und einen Heckpfennig besitze, brachte bald jemand dies neue Ereignis in Wittenberg zur Anzeige, woraufhin der Rat sowohl die Bäuerin als auch ihre Magd verhaften ließ. Beide Frauen wurden dann in das Gefängnis der Stadt eingesperrt, das sich damals im „Drachenkopf" über dem Elbtor befand.

Danach unterzogen die Richter sie langen, eindringlichen Verhören, bei denen die Magd bald alles freimütig offenbarte, weshalb man sie dann laufen ließ. Die Bauersfrau hingegen schwieg hartnäckig, denn sie nahm wohl zu Recht an, daß ihr die Richter doch jedes Wort bereits im Munde verdrehen würden. Sie glaubte, sich auf ihr gutes Gewissen verlassen zu können und daß man nicht imstande sein würde, ihr etwas Unrechtes nachzuweisen. So kam es dazu, daß die arme Frau die Folter über sich ergehen lassen mußte, um sie so zu einem Geständnis zu bringen; aber auch dadurch brachte man sie nicht zum Reden. Das führte für sie jedoch nicht zum erhofften Freispruch, denn nun waren die Richter der Meinung, daß einem Weib soviel Standhaftigkeit nur mit Hilfe des Teufels möglich sein könne, und sie verurteilten die Frau zum Tod auf dem Rad.

Die Hasenjagd auf der Elbe

Aus Wittenberg ist überliefert, daß dort im Jahre 1572 eine merkwürdige Jagd stattgefunden hat, und jeder, der noch heute davon erzählt, beteuert steif und fest, daß es sich bei der folgenden Geschichte bestimmt nicht um Jägerlatein handele.

Einst hatten sich etliche adlige Herren aus Wittenberg und den Dörfern nahe der Stadt zu einer Hasenjagd, die man in jener Zeit auch Hasenkirmeß nannte, verabredet. Pünktlich traf man sich eines Morgens in aller Herrgottsfrühe hoch zu Roß, wobei sie auch Knechte als Treiber und eine Meute kläffender Hunde mitgebracht hatten. Nach stärkendem, erwärmendem Umtrunk aus der Feldflasche ertönten die Jagdhörner, und es begann die Hatz auf den Mümmelmann. Doch wie forsch die Jäger auch immer mit Hussa und Hoho über die Felder und Wiesen galoppierten und dabei alle Leute erschreckten, die ihnen begegneten, erblickten sie, bis es bereits zu dämmern begann, nicht ein einziges Langohr. Ja, nicht einmal ein dürftiges Karnickel lief ihnen über den Weg. Es war wie verhext.

Als die Reiter, schon müde und verdrießlich geworden, schließlich am Ufer der Elbe angekommen waren, sahen sie endlich doch einen Hasen, der nahe am mit Eis bedeckten Flusse saß. Es war ein besonders großes, wohlgenährtes Tier, das es wohl verstanden haben mußte, gut über den Winter zu kommen. Zunächst ließ er die Jäger ruhig näher kommen. Aber statt sich dann willig fangen oder totschießen zu lassen, hoppelte er eilig über das Eis davon, dem jenseitigen Ufer zu.

Da gaben die Herren ihren erschöpften Gäulen die Sporen und ohne die Gefahr zu bedenken, die vom bereits weichen, brüchigen Eis ausging, ritten sie

über den Strom, dem Hasen hinterher. Erst als sie am anderen Ufer angekommen waren, wurde es ihnen klar, in welche Gefahr sie sich durch ihren Jagdeifer hatten treiben lassen und daß sie auf ihren schweren Rössern nur durch ein Wunder die Pratauer Seite der Elbe erreicht haben konnten, und es graute allen.

Da erschallte plötzlich aus der Richtung, in welcher der Hase verschwunden war, ein greulich meckerndes Hohngelächter, auf das ein schreckliches Krachen und Brausen folgte. – Nun erkannten die soeben dem Tode Entkommenen, daß es der Teufel gewesen sein mußte, der sie in der Gestalt eines Hasen ins Unglück hatte locken wollen, und daß ihr Schutzengel sie behütet und vor dem sicheren Tod bewahrt hatte.

Wie der erste Blitzableiter in Wittenberg errichtet wurde

Eines Tages war es nach Wittenberg gedrungen, daß Benjamin Franklin in Amerika die elektrische Natur des Blitzes entdeckt und den ersten Blitzableiter gebaut hatte. In Europa fand diese Erfindung zunächst wenig Anklang. Man sprach ganz offen von Teufelswerk, denn Gott läßt den Blitz dahin fahren, wo er ihn hinhaben will, da darf der Mensch nicht dazwischenfunken. Georg Christoph Lichtenberg (1742–1799) sagte einmal ironisch zu dieser Auffassung: „Daß in den Kirchen gepredigt wird, macht deswegen die Blitzableiter auf ihnen nicht überflüssig." Ähnliche Ansicht mußte der Wittenberger Universitätsprofessor Johann Daniel Titius (1729–1796) gehabt haben. Auch er hielt den Blitz nicht für ein übernatürliches Zeichen, sondern machte sich Gedanken, wie man einen Blitzableiter konstruieren könnte. Zwar blieben die meisten Gewitter linkselbisch; doch kamen sie mal über die Elbe, dann waren es besonders schwere, die die Bürger in Angst und Schrecken versetzten.

Durch Experimente und neue Erkenntnisse auf naturwissenschaftlichem Gebiet war Titius, der eigentlich Tietz hieß, unter den Gelehrten seiner Zeit weithin bekannt, zumal er durch die Herausgabe des „Wittenbergischen Wochenblattes", einer wissenschaftlichen Zeitschrift, die Möglichkeit hatte, seine eigenen publizistischen Beiträge über die verschiedensten Neuerungen zu verbreiten. Und das waren gewiß nicht wenige, doch von allen blieb schließlich die Errichtung eines Blitzableiters auf seinem neu erbauten Grundtück in der Collegienstraße die bemerkenswerteste.

Nachdem er am Tisch in seiner Wohnung alles bis in alle Einzelheiten durchdacht und zeichnerisch ausgearbeitet hatte, ging er zu einem der Schlossermeister in der Stadt. Doch, wo er auch vorsprach, keiner konnte sich zu der Erbauung des Blitzableiters entschließen. Mit allen möglichen Bedenken hielten sie ihn hin, bis er endlich zu dem jungen Schlossermeister Michael kam. Auch dieser zögerte zunächst, ging aber doch dann auf die Vorschläge des Professors ein und nahm den Auftrag an. Eines Tages waren die vorbereiteten Arbeiten soweit gediehen, daß das Werk auf dem Dach des Hauses vollendet werden konnte. Als es bekannt wurde, versammelte sich eine große Anzahl Neugieriger in der Collegienstraße und alle warteten darauf, welche Gottesstrafe für den Meister wohl kommen würde. Nun muß man wissen, daß der junge Meister Michael in eine Meistertochter verliebt war, aber auch sein Nebenbuhler, ebenfalls ein junger Handwerksmeister, hatte ein Auge auf die Schöne geworfen. Letzterer wollte bei dieser Gelegenheit das Werk zunichte machen, gleichzeitig dann das junge Mädchen für sich gewinnen. So betrat er ein Nachbarhaus und stieg mit einer Schrotflinte bewaffnet bis zur Dachluke empor. Als nun der „Blitzschlosser", wie man ihn bereits in der Stadt nannte, mitten bei der Arbeit war, schoß er nach ihm. Die damals wie heute in großer Zahl bis dahin auf dem Dach sitzenden Tauben flogen hoch und ganz dicht an Michael vorbei. Die flatternden Tauben und die um seine Ohren pfeifenden Kugeln erschreckten ihn, und plötzlich verlor er das Gleichgewicht und stürzte in die Tiefe. Nur mit Mühe konnte er sich an der Dachrinne solange noch festhalten, bis ihn Freunde rechtzeitig, buchstäblich in letzter Minute, aus seiner gefährlichen Lage befreien. Unten angekommen, zitterte er am ganzen Körper. Da trat Barbara, des Innungsmeisters Töchterlein, zu ihm, beruhigte ihn und nahm in in ihre Arme. Bald danach fand dann auch die Hochzeit statt.

Die Menge aber, die das Ereignis betrachtet hatte und bei der Rettung des Michael aus der gefährlichen Situation zugegen war, sah darin ein Wunder und war der felsenfesten Überzeugung, daß sich Gott mit dem Bau des Blitzableiters versöhnlich gezeigt hatte.

Abschließend sei vermerkt, daß man auch in Frankreich von der Franklinschen Erfindung gehört hatte. So baute der Vissery de Bois Valé ebenfalls einen Blitzableiter auf seinem Haus. Doch kurze Zeit danach erfolgte seine Verurteilung durch den Schöffenrat wegen „Gefährdung der Öffentlichkeit". Er mußte den neuen Blitzableiter wieder entfernen. Dagegen zeigten sich der Wittenberger Rat und die Stadtgerichte von ganz anderer Seite. Sie beglückwünschten Professor Titius und lobten das gelungene Werk von Meister Michael.

Quellenverzeichnis

Seite

7 Die Sage vom Traum Friedrichs des Weisen ist in verschiedenen Varianten bekannt. Hier liegt – vom Autor erweitert und erläutert – die Darstellung von R. Erfurth: „Er lebt!" – D. Martin Luther in der Sage. Leipzig 1938, S. 27–30, zugrunde.

11 Um die Luthereiche ranken sich verschiedene Sagen. In dieser Darstellung ist von der Bannbulle die Rede, es war aber die Bannandrohungsbulle des Papstes. Die Sage wurde hier vom Autor ergänzt und mit einigen Erläuterungen versehen. Die eigentliche Sage erzählte R. Erfurth in seinem Buch: „Er lebt!" – D. Martin Luther in der Sage. Leipzig 1938, S. 7–9.

15 Wie ein roter Faden zieht sich die Sage von Kaiser Karl V. und dem Herzog Alba am Grabe Luthers durch die Jahrhunderte, auch sind zahlreiche bildliche Darstellungen davon bekannt. Doch es gibt keine authentischen Berichte über die vom Kaiser gesprochenen Worte, auch der Chronist des Kaisers schwieg darüber. Das Gedicht wurde veröffentlicht: „Wittenberger Kreisblatt", Nr. 45/1847.

20 Oftmals wurden der Lutherstein und die Studentenwiese beschrieben. Hier legte ich den Text eines am Rande der Dübener Heide geborenen Lehrers Reichel zugrunde, der am 26. Juni 1928 über „Sagenumsponnene Orte in der Dübener Heide" im Verein für Heimatkunde und Heimatschutz in Wittenberg sprach. Sein Vortrag wurde abgedruckt in: „Blätter für Heimatgeschichte", Beilage zur „Wittenberger Zeitung", Nr. 8 und 9/1928, S. 32.

23 Unter den vielen Veröffentlichungen über Faust wird immer wieder Wittenberg genannt. Hier ist es die Darstellung von Bäßler: „Sagen aus allen Gauen des Vaterlandes" (Ort und Jahr mir nicht bek.), abgedruckt bei: H. Wagner: Wittenberg in Dichtung und Sage. Wittenberg 1893, S. 64–69.

29 Diese Sage veröffentlichte J. G. Grässe in seinem „Sagenbuch des Preußischen Staates", Glogau 1868, nochmals abgedruckt in „O du Heimatflur", Beilage zum „Wittenberger Tageblatt", Nr. 2/1925, S. 8.

30 Diese Sage geht auf den Chronisten Balthasar Mentz (1537–1617) zurück, neu bearbeitet und signiert mit „Z" in: „O du Heimatflur", Beilage zum „Wittenberger Tageblatt", Nr. 4/1925, S. 16.

33 Auf Grund eines Aktenstückes im Wittenberger Stadtarchiv verfaßte der Autor diese Erzählung, die er erstmalig in der Berliner Zeitschrift „Natur und Heimat", Nr. 4/1960, S. 183, veröffentlichte.

Seite

36 Nach „Grohmanns Annalen der Universität zu Wittenberg, Teil 2", Meißen 1801, wurde der Hexenprozeß verschiedentlich dargestellt, hier liegt eine Bearbeitung in: „Unser Heimatland", Beilage zum „Wittenberger Tageblatt", Nr. 10/1926, S. 40, zugrunde.

40 An der Dresdener Straße stehen auf einem Grundstück ehemalige Sühnekreuze in der Nähe eines nicht mehr vorhandenen Gasthofs „Zum blauen Hecht". Im Volksmund heißen sie die Brüdersteine, ohne daß man handfeste geschichtliche Anhaltspunkte dafür hat. Aus verschiedenen Wiedergaben ist dieses Gedicht aus dem Munde einer Frau eines Eisenbahners aus dem Stadtteil Friedrichstadt wohl das interessanteste. Abgedruckt in „Wittenberger Zeitung", Nr. 14/1931, S. 54.

43 Die Sage vom Wunderblut wurde erstmalig veröffentlicht von G. Wernecke: „Wartenburg einst und jetzt", Wittenberg 1913, S. 26–28.

47, 48, 52 Noch heute wird der Autor über „Freßkahle" aus den verschiedenen Orten der Bundesrepublik befragt. Veröffentlichungen über ihn gab es in Hannover und in Holland, was auf die Doktordissertation von Christian Gottfried Frenzel, einem Wittenberger Studenten der Medizin, zurückzuführen ist, die dieser 1757 veröffentlichte. Am 27. Juni 1927 hielt Gottfried Krüger im Wittenberger Verein für Heimatkunde und Heimatschutz einen Vortrag über Kahle, abgedruckt in: „Blätter für Heimatgeschichte", Beilage zur „Wittenberger Zeitung", Nr. 5/1927, S. 17–20. Die dort erwähnten Gerichtsprotokolle regten den Autor zu den hier veröffentlichten Begebenheiten an.

55 Diese Sage erzählte ein erblindeter alter Mann dem Autor, sie wurde damals auf Band aufgenommen und dann vom Autor bearbeitet.

58 Es gibt kaum ein mittelalterliches Schloß, in dem nicht die weiße Frau erschienen ist. Auch für Wittenberg gibt es verschiedene Darstellungen von ihr. Hier handelt es sich aber um eine Sage, die erst im 19. Jahrhundert entstanden sein kann, weil erst im ersten Drittel dieses genannten Jahrhunderts das Schloß zur Kaserne umgebaut wurde. Eine Veröffentlichung brachte R. Erfurth in seiner „Heimatkunde des Kreises Wittenberg". Wittenberg 1902, S. 64 u. 65.

60 Die Sage veröffentlichte P. Zimmermann im „Wittenberger Tageblatt", o. Datum, um 1940.

64 und 68 Schon 1613 erschien in Wittenberg eine Schrift: „Taubmannus Redivivus Christl. Gedächtnüss des löblich geführten Lebens Friederici Taubmanni ... usw." Bei Nicolai in Berlin kam ein weiteres Buch 1737 über Taubmann heraus und schließlich eine Ausgabe von Friedrich W. Ebeling: Friedrich Taubmann, ein Kulturbild. Leipzig

Seite	
	1884. Der Autor verfaßte nach diesen kurzen Berichten einen Beitrag über die Audienz der beiden Frauen in Dresden und erzählt weitere kleinere Besonderheiten.
70	Außer einiger Erläuterungen zum besseren Verständnis liegt auch hier der Vortrag von Reichel zugrunde (siehe bei dem Vermerk zu S. 20).
75	Diese Sage erscheint bei Müllenhoff: Sagen, Märchen und Lieder, Ort und Jahr unbekannt, nachgedruckt in: „O du Heimatflur", Beilage zum „Wittenberger Tageblatt", Nr. 2/1925, S. 8.
78	Grässe (vergl. den Vermerk zu S. 29) erwähnt die Sage nur mit kurzen Worten, sie wurde hier vom Autor ausführlicher beschrieben.
81	Grässe nennt einen Ort Pantschdorf, den es aber bei Wittenberg niemals gab. Der Autor erweiterte auch hier die kurze Darstellung von Grässe.
85	Dasselbe gilt wie bei Seite 81.
88	Berthold Auerbach verfaßte eine Erzählung unter dem Titel „Der Blitzschlosser von Wittenberg" mit Bildern von A. Menzel. Es gibt eine Reihe von Nachdrucken, mir lag diejenige vom Phoebus Verlag, München 1923, vor. Sie diente als Grundlage der vom Autor veröffentlichten Darstellung.

HEINRICH KÜHNE stammt aus einer Familie, die seit 160 Jahren in der Lutherstadt Wittenberg ansässig ist. Am 9. November 1910 geboren, wurde Kühne 1956 Direktor des Melanchthonhauses an der Wittenberger Collegienstraße zwischen Lutherhalle und Schloßkirche.

Seine Zusatzausbildung per Fernstudium bildete die Basis für die Umgestaltung des ehemaligen Wohnhauses von Philipp Melanchthon zur Gedenkstätte für den großen Humanisten und Reformator ab 1967. In den folgenden Jahren widmete sich Kühne der Einrichtung eines stadtgeschichtlichen Museums im Seitenflügel des Wittenberger Schlosses, das, wie das Melanchthonhaus, jährlich zahllose Besucher der Stadt anzog.

Neben diesen vielfältigen Aktivitäten war Heinrich Kühne über 30 Jahre lang als Ortschronist der Stadt Wittenberg tätig und hat sein fundiertes Wissen in zahlreichen Kursen der Volkshochschule, bei Vorträgen und auf wissenschaftlichen Kongressen weitergegeben. Der Rat der Lutherstadt zeichnete ihn dafür 1975 mit dem „Lucas-Cranach-Preis" aus.

Seit seiner Pensionierung widmet sich Heinrich Kühne speziell der Erforschung der Geschichte des Buchdrucks in Wittenberg zur Zeit der Reformation. Ein weiteres Spezialgebiet des vielseitigen Historikers, Forschers und Autors ergibt sich aus seiner Mitgliedschaft in der Internationalen Arbeitsgemeinschaft der Papierhistoriker.

TERS

In ähnlicher Aufmachung sind bereits erschienen:

- Sagen und Geschichten aus Göttingen und Umgebung
  Verlag Göttinger Tageblatt
- Sagen und Erzählungen aus dem Tal der Emmer, der Weser und der Ilse
- Sagen und Erzählungen aus Hameln
- Sagen und Erzählungen aus dem Pyrmonter Land
- Sagen und Erzählungen rings um Springe
  C. W. Niemeyer Verlag
- Sagen und Erzählungen aus dem Raum Aerzen
  Weserberglandforum
- Sagen und Geschichten zwischen Deister und Süntel
  Verlag Pauselius

Diese Bücher und auch die im Folgenden aufgeführten, wurden sämtlich von der Grafikerin Ilse Kollmann-Gümmer in ähnlicher Weise und zum Teil auch farbig illustriert.

Fürs Kinderherz erzählt
Frohes Herz und freier Blick
Kinderherz und Kindersinn
  Saatkorn Verlag, Hamburg
Frauke, ein Schulmädchen
  Brockhaus Verlag
Schneeweißchen und Rosenrot
  Coppenrath Verlag, Münster
Schön ist's im Wald
Das Neue Jugendbuch
  Volksbücherei Verlag, Goslar
Singt und Spielt
Physik Band I und II
Chemie Band I
Freude und Frohsinn Band I und II
  Velhagen und Klasing
Der Bergmönch
  Seepferdchen Verlag
Wo Pyrmonts Herz schlägt
  Verlag Frieling

Manchmal singt es im Geheimen
Gruß der Sonne
Du weiße Rose
Das Lied der Amsel
Ostern in aller Welt
  Wieland Soyka Verlag, Bremen
Die Puppenwäsche
  Ehlermann Verlag, Dresden
Mein liebes ABC-Büchlein
Mein Lese- und Arbeitsbüchlein
Frohsang
  Markus Verlag, Eupen, Belgien
Christinchens Puppe
  Hauschild Verlag, Bremen
Bald nun ist Weihnachtszeit
Spiel mit!
Krümel und Dicki
Die Zauberkiste
Das Gespenst im Keller
  Georg Kallmeyer Verlag, Wolfenbüttel